ARCHITECTUUR VAN DE NACHT

ESSAY 01
ARCHITECTUURBULLETIN N° 03|

David E. Nye (VS, 1946) is hoogleraar aan de Universiteit van Zuid-Denema... verbonden is aan het Cente for American Studies. Nye schrijft in zijn boeken over de relatie tussen de samenleving en technologie, zoals bijvoorbeeld in *Electrifying America* (1990), *Consuming Power* (1998) en *Technology Matters* (2006). Momenteel schrijft hij aan een boek over de culturele geschiedenis van verduistering door stroomuitvallen. Dit essay is een bewerking van een lezing door hem gehouden bij de opening van *Architectuur van de Nacht*.

Sinds de uitvinding van elektrisch licht in 1875 is het uiterlijk van de nachtelijke wereld, en vooral van de stad, ingrijpend gewijzigd. In de toepassing ervan zijn vier elkaar overlappende ontwikkelingsfasen te onderscheiden: versiering, verlichting, transparantie en flexibiliteit.[1] De eerste vijfentwintig jaar werd elektrisch licht net zo vaak gebruikt om gebouwen te versieren als om ze te verlichten. Vóór 1905 hadden veel huizen en bedrijven zowel gas- als elektrische verlichting en architecten adviseerden hun cliënten vaak om beide te installeren.[2] In 1905 was elektriciteit inmiddels geen nieuwtje meer en begonnen architecten zich te richten op de nachtelijke verlichting van gebouwen. Hiertoe maakten ze zich de nieuwe technologie van het werken met schijnwerpers en spotlights eigen. De derde fase komt ruwweg overeen met het modernisme en de internationale stijl. Muren begonnen op te lossen tot glaswanden en architecten probeerden gebouwen transparanter te maken in plaats van ze van buitenaf met krachtige lampen te verlichten. Ten slotte is verlichting de laatste jaren uitgegroeid tot een essentieel onderdeel van de postmoderne architectuur, dat gebouwen niet alleen transparant, maar ook plastisch, heterogeen en flexibel maakt.

Fase 1: Versiering

In de VS verschenen aan het eind van de jaren '70 van de 19e eeuw booglampen waarmee gebouwen en terreinen konden worden verlicht. Deze lampen waren eveneens in grote tentoonstellingshallen te ...rzen en tentoonstellingen ook 's avonds open te houden (Nye, 1990, p 37). In gewone gebouwen werden ze echter niet veel gebruikt, omdat het licht te fel was.[3] De gesloten gloeilamp was breder toepasbaar en werd vanaf 1879 al snel ingevoerd voor publieke ruimtes als warenhuizen, spoorwegstations, theaters en belangrijke gebouwen of bouwwerken met symbolische waarde zoals de Brooklyn Bridge of het Vrijheidsbeeld. Gebouwen werden vaak volgehangen met elektrische lichtjes, vooral langs kroonlijsten en ramen, waardoor bepaalde architectonische elementen werden benadrukt en andere verdoezeld. Binnen fleurde het elektrisch licht winkels op, maakte het souterrains bruikbaar voor commerciële doeleinden en vormde het een spectaculaire aanwinst voor etalages. Bovendien werden dankzij elektrische liften en roltrappen de hogere verdiepingen gemakkelijker bereikbaar, waardoor het moderne warenhuis kon ontstaan (Leach, 1994). Elektrisch licht was om verschillende redenen superieur aan gasverlichting. Bij de verbranding van kolengas kwamen zuren en een behoorlijke hoeveelheid water vrij, wat funest was voor stoffen. Bovendien kwam er roet in de lucht, waardoor de muren op den duur zwart werden en het raadzaam was donker behang te nemen. Omdat gas zuurstof verbruikt, was het noodzakelijk voortdurend te ventileren. Ten slotte kon gaslicht door de wind worden uitgeblazen, en uit ongebruikte toestellen kon gas de kamer in lekken, met het risico van explosies.[4] Dankzij de komst van elektriciteit konden architecten met een lichtere inrichting en flexibelere plattegronden gaan werken.

In deze periode was de opvallendste verandering voor de gewone man niet de binnen- maar de buitenverlichting. Slechts één op de tien huizen had elektriciteit. Elektrisch licht was iets wat je tegenkwam in de publieke ruimte, waar de nieuwe verlichtingseffecten zich inmiddels vanuit de tentoonstellingen naar het dagelijks leven hadden verspreid. Bij de Pan-Amerikaanse tentoonstelling in Buffalo van 1901 waren de gebouwen versierd met honderdduizend gekleurde gloeilampen. In amusementsparken waren fantastische nachtlandschappen en spectaculaire verlichtingseffecten te bewonderen. Ook vandaag de dag is dit gebruik van gloeilampen nog populair, bijvoorbeeld in Las Vegas of de Amsterdamse grachten.

Fase 2: Verlichting

Rond 1905 waren de lichten inmiddels helderder, duurzamer en goedkoper. Ze konden bovendien nauwkeuriger worden gericht en gereflecteerd. Met de oprichting van permanente onderzoekslaboratoria zorgden grote elektriciteitsbedrijven als General Electric, Westinghouse en Philips voor een gestage stroom van verbeteringen (Wise, 1985). Ze beseften dat innovatie de vraag naar elektriciteit stimuleerde en zagen patenten als de sleutel tot de verovering van nieuwe markten. In dezelfde periode kon dankzij de ontwikkeling van stalen skeletconstructies steeds hoger worden gebouwd, waardoor verlichte wolkenkrabbers mogelijk werden. In eerste instantie leek alleen de aanblik van de verlichte ramen van de wolkenkrabbers, in combinatie met wat sierverlichting die de opvallendste elementen van een gebouw beter deed uitkomen, al spectaculair genoeg. Maar met de komst van steeds krachtiger vormen van verlichting werd het aantal mogelijkheden nog veel groter. Verlichting met schijnwerpers werd in 1907 voor het eerst toegepast bij de Singer Tower, op dat moment het hoogste gebouw van New York.[5] Het gebouw was 's nachts vanuit alle delen van de stad, Brooklyn en New Jersey zichtbaar en groeide uit tot een beroemd oriëntatiepunt dat als een toren van licht de skyline domineerde. Andere bedrijven zagen de reclamemogelijkheden ervan in en zo raakte deze vorm van publiciteit raakte wijd verbreid. Zeker na de spectaculaire verlichting van de nieuwe, 240 meter hoge gotische terracotta toren van het Woolworth Building, die bewust zo was ontworpen dat hij sterk reflecteerde. Verlichtingstechnici gebruikten zeshonderd gloeilampen van hoge intensiteit met geribbelde reflectoren die het licht gelijkmatig en zonder schittering verspreidden. Toen het Woolworth Building op nieuwjaarsdag 1913 voor het eerst werd verlicht, was de norm gesteld waarnaar andere wolkenkrabbers zich de komende twintig jaar zouden richten (Nye, 1990, p. 166). Dit soort vertoningen bleken het

effectiefst als het gebouw monumentaal was, enigszins geïsoleerd stond en als de muren licht van kleur waren. Het Wrigley Building in Chicago voldeed aan deze voorwaarden en werd na zijn voltooiing in 1921 een verlicht oriëntatiepunt in de skyline van de stad. Wat betreft architectuur hoefden de van buitenaf belichte wolkenkrabbers niet per se modernistisch te zijn. Wellicht heeft de spectaculaire belichting zelfs een remmende invloed gehad op de verbreiding van het modernisme en een eclectische stijl bevorderd met verwijzingen naar klassieke, gotische, renaissance- en barokarchitectuur. Deze oudere stijlen werden gekenmerkt door markante profielen en interessante details die met afzonderlijke lampen konden worden aangelicht of geaccentueerd. De grote steden ontwikkelden skylines waarin commerciële torens de plaats innamen van de torenspitsen van paleizen en kerken (Nye, 1994, pp. 143-198). De toren van het in 1909 voltooide, 213 meter hoge Metropolitan Life Building in New York was een kopie van de campanile aan het San Marcoplein. Geen enkel naburig gebouw kon tippen aan zijn hoogte of aan zijn drie verdiepingen hoge klok, die heel New York liet weten hoe laat het was. Ook de toren van het Wrigley Building in Chicago, een kopie van de Giraldatoren in Sevilla, had een klok die vanuit het hele stadscentrum afleesbaar was. Raymond Hood hanteerde een totaal andere, maar al even opvallende techniek voor zijn American Radiator Building (1924) in New York. Dit heeft een extreem donker, bijna zwart oppervlak met gouden, gotische versiering op de inspringingen boven de zestiende verdieping. Hierdoor verzinkt het gebouw zelf 's nachts in de donkere omgeving, maar komen de

Fig. 1.1 Toren van Juwelen, Wereldtentoonstelling San Francisco 1915

verlichte ramen en de gouden versieringen juist sterk naar voren.

Tijdens de Eerste Wereldoorlog ontwikkelde General Electric beweegbare zoeklichten als afweer tegen luchtaanvallen. Na 1918 begonnen adverteerders hier gebruik van te maken bij filmpremières en andere publieke evenementen. Al snel wezen krachtige lichtstralen die rusteloos de hemel afzochten niet langer op een dreigende aanval, maar op uitbundig volksvermaak. Elke nieuwe wolkenkrabber werd met licht gedoopt, en bij de hoogste torens, zoals het Union Trust Building in Detroit, werden lichtbakens geïnstalleerd die soms wel tachtig kilometer ver te zien waren (Nye, 1990, p66).

Fase 3: Transparantie

In de jaren '30 van de 20e eeuw groeide verlichting uit tot een integraal onderdeel van het modernisme en de Internationale Stijl. In die jaren waren de technische vernieuwingen geen fundamentele doorbraken maar eerder geleidelijke verbeteringen, zoals efficiëntere gloeidraden, duurzamere gloeilampen en betere reflectoren, die de verlichting met gloeilampen goedkoper, betrouwbaarder en door vermindering van de restwarmte ook koeler maakten. Met name de introductie van tl-verlichting in 1939 ging wonderwel samen met het ontwerp van kantoortorens (Fitch, 1975, pp. 116-117). Tl-buizen bleven veel koeler dan gloeilampen en waren veel effectiever in het verlichten van grote ruimtes. Helaas bleek het interieur van sommige kantoorgebouwen een steriele en weinig inspirerende werkomgeving, deels omdat de vlakke tl-verlichting werd gebruikt om een monotone en koele homogeniteit te creëren. James Marsden Fitch beklaagde zich dat in de moderne architectuur 'zuiverheid van vorm gepaard moest gaan aan zuiverheid van kleur, en dat samen met de versiering ook elk patroon werd uitgebannen. Gevolg is dat de moderne architectuur in haar eenkleurigheid haar gelijke niet kenta' (Fitch, 1975, pp. 116-117).

Architecten beseffen dat een glazen kantoortoren met tl-verlichting 's nachts geen of vrijwel geen speciale effecten nodig had om de aandacht te trekken. De betere modernistische gebouwen hadden een interieurverlichting die varieerde in intensiteit, wat bijdroeg aan de dynamiek van het gebouw, en het verlichte interieur 's nachts tot onderdeel maakte van het ontwerp van het exterieur. Waar de verlichting eerst tot doel had gehad de robuustheid van een gebouw te dramatiseren door het scherp af te laten steken tegen de nachthemel, verschoof het accent in het modernisme naar transparante gebouwen die er in de loop van de dag steeds anders uitzagen. Als de zon scheen was er weinig kunstlicht nodig, maar bij storm of in de schemering ging een gebouw van staal en glas gloeien, straalde het de kleuren uit van de gordijnen en het getinte glas, en werden andere elementen van de inrichting geaccentueerd. Zo maakte het gebouw van de Verenigde Naties in New York alleen al door zijn interieurverlichting een bijna transparante indruk. 's Nachts werd op bepaalde verdiepingen de interieurverlichting aangelaten om het gebouw tegen de donkere hemel te laten afsteken. Door achter bepaalde ramen normale verlichting te laten branden, worden er ook boodschappen geprojecteerd.

In deze fase verdween de sierverlichting grotendeels, tezamen met de zuilen, kroonlijsten en andere overblijfselen van oudere architectuurstijlen. Er werden minder spotlights en schijnwerpers gebruikt en ze werden vaak alleen op de begane grond geïnstalleerd, om mensen de weg naar de ingang te wijzen, het logo van het bedrijf uit te lichten of om het parkeerterrein te verlichten. Kortom, in het modernistische tijdperk werd de verlichting een integraal onderdeel van 'woonmachines'. De schoonheid van de verlichting was ondergeschikt aan de functionaliteit.

Fase 4: Flexibiliteit

Dankzij nieuwe technologieën en materialen werd de architectuur steeds plastischer en ontstonden er

Fig 1.2 New York gezien vanuit Greenwich Village bij nacht uit 1922, John Sloane

gebouwen met ongekend vloeiende en gestroomlijnde vormen, zoals de TWA-terminals van John F. Kennedy Airport in New York. Deze gebouwen, ontworpen door Eero Saarinen, lieten miljoenen reizigers zien dat een gebouw geen rechte hoeken nodig heeft en dat vloeiende ruimten het gevoel van vliegen kunnen oproepen. Het was niet de elektrische verlichting op zich die deze verandering mogelijk maakte, maar mits goed gebruikt accentueerde ze wel de spectaculaire golvende vormen en lijnen van de gebouwen, die zich weinig leken aan te trekken van de wetten van de zwaartekracht. Naarmate de architectuur vloeiender en flexibeler werd, maakten de heldere lijnen van het modernisme plaats voor postmoderne experimenten. Architecten hadden een breed scala aan verlichtingseffecten tot hun beschikking. Zo bleef sierverlichting een centraal onderdeel van bedrijfsreclame. Daarnaast was Robert Venturi's *Learning from Las Vegas* een ode aan het niet-functionele gebruik van verlichting in reusachtige logo's en speelse bewegwijzering. De lichtreclames van Las Vegas borduurden voort op de esthetiek van Times Square, waar de reclameborden al in de jaren '20 van de 20e eeuw groter en indrukwekkender waren dan de gebouwen in de buurt. De 'versierde loods' werd overdekt met immense, speciaal geconstrueerde reclames. Zo staat er voor het Hard Rock Café in Las Vegas een elektrische gitaar van vijfentwintig meter hoog, en heeft elk groot hotel enorme uitzinnige lichtreclames met lijnen van licht die flikkeren en door de ruimte schieten, en knipperen in een feest van kleur. Dit soort lichtreclames versplinteren en destabiliseren de nachtelijke ruimte en creëren een fantasmagorie. Een fantasieomgeving van vertekende schaal waarin verhoudingen en perspectief door elkaar lopen en een pulserend landschap dat het oog overweldigt vormen. De sierverlichting heeft een krachtig arsenaal ontwikkeld waarvan de effecten volledig kunnen worden losgekoppeld van gewone gebouwen. Een voorbeeld hiervan is de Fremont Street Experience, een overkoepeling bestaande uit meer dan twee miljoen afzonderlijk, computergestuurde lichtjes waarmee een in principe eindeloze serie patronen kan worden gecreëerd (Gottdiener, 1999, pp. 85-87). Naarmate architecten meer vertrouwd raken met deze mogelijkheden zullen ze steeds vaker geneigd zijn er gebruik van te maken.

Verlichting met behulp van spotlights en schijnwerpers is nog altijd de meest gangbare optie voor het uitlichten van oudere openbare gebouwen, van het Parthenon tot Buckingham Palace tot het Witte Huis. Zulke beroemde gebouwen baden in gordijnen van licht, afkomstig van onopvallende of uit het zicht geplaatste apparatuur. Het licht zelf lijkt misschien wit, maar een goede lichttechnicus zal zorgvuldig een specifieke witschakering kiezen in combinatie met subtiele speciale effecten. Met de komst van de laser werd het arsenaal aan mogelijkheden verder uitgebreid: nu konden specifieke elementen worden uitgelicht en met grote precisie geaccentueerd, een idee dat verder is uitgewerkt voor de buitenverlichting van Frank Gehry's Guggenheim Museum in Bilbao. De zilveren kleur van het gebouw verandert 's nachts in goud. Ten slotte wordt bij moderne gebouwen ook veel gebruik gemaakt van transparantie om bepaalde delen immaterieel te laten lijken, en om ze 's nachts een ander voorkomen te geven. Het door Henning Larsen ontworpen nieuwe operagebouw van Kopenhagen is een voorbeeld van deze trend: het heeft een warm verlicht atrium dat zijn licht verspreidt over de haven en zowel in het water als in het

Fig. 1.3 Nederlandse Ambassade in Berlijn, OMA Rem Koolhaas - foto: © Christian Richters

overhangende dak wordt weerspiegeld.
Bij het ontwerp van Rem Koolhaas voor de Nederlandse ambassade in Berlijn is het complete arsenaal aan technieken ingezet. De lagere, middelste en hoogste verdiepingen zijn helder verlicht. De grote ramen van deze lagen geven het gebouw een immaterieel aanzien. Als contrast heeft de eerste verdieping aan één kant een massieve witte muur met maar een paar kleine raampjes, die van boven- en onderaf indirect wordt verlicht. Een ander contrast is om de hoek te vinden, waar een glazen raam een kamer omkadert met duidelijk zichtbaar meubilair waarvan de kleuren terugkomen in de buitenverlichting. In de hogere verdiepingen is nog een ander contrast verwerkt. Het gebruik aldaar van donkerdere en opvallendere raamomlijstingen biedt veel minder zicht op het interieur. De verlichting in haar geheel benadrukt de opwaartse beweging van het gebouw, speelt met gradaties van transparantie en voegt decoratieve kleurvlekken toe, dit alles met slechts een spaarzaam gebruik van directe verlichting.

Onvoorziene esthetische gevolgen

Ik heb deze vier fasen beschreven alsof de geschiedenis van de elektrificatie rechttoe, rechtaan is verlopen. Dat is natuurlijk niet zo. In een compleet verhaal horen ook elektriciteit voor ventilatie, verwarming, airconditioning, communicatie en transport thuis. Zelfs als we ons louter op de verlichting concentreren, zijn er nog talloze individuele acties geweest die hebben geleid tot onvoorziene en onbedoelde esthetische gevolgen. Ik zal me tot drie daarvan beperken: de verdubbeling van het stedelijk landschap, de ontdekking van het elektrische sublieme en het probleem (voor schilders en ontwerpers) dat in deze nieuwe stad het licht niet langer van bovenaf komt maar van onderaf. [6] (Nye, 1990, pp. 76-81)

Miljoenen afzonderlijke beslissingen over verlichting thuis en in de publieke ruimte hebben geleid tot een nieuw nachtelijk landschap en een spectaculaire nachtelijke skyline. Al in 1910 – zo niet eerder – was het gebruikelijk om niet alleen gebouwen, maar de stad als geheel op te vatten als een tafereel met twee verschillende gezichten: een daggezicht en een nachtgezicht. In feite bezetten twee landschappen nu één ruimte. Met behulp van spectaculaire verlichting wedijverden locaties en objecten om aandacht. Zo kon het bedrijfsleven door sommige delen van de stad uit te lichten en andere als kennelijk onbelangrijke leegtes te negeren het oog van de consument wegleiden van de arme wijken, in de richting van de commerciële zones. Met de verlichting van officiële bouwwerken als het Vrijheidsbeeld, het Capitool en het Witte Huis paste de overheid dezelfde principes toe op publieke monumenten. Verlichting diende ter accentuering van een door mensenhanden gecreëerde omgeving, maar ook van symbolische natuurverschijnselen, zoals de Niagara-watervallen, de geiser Old Faithful in Yellowstone National Park en Mount Rushmore. Bovendien was het elektrische lichtbaken een prominent, de aandacht trekkend element in dit nieuwe landschap dat het publiek tegenwoordig als 'natuurlijk' ervaart. De grote lichtreclames zijn nog het meest in het oog springende onderdeel – in de meeste steden zijn ze zelfs het laatste stadium – van een veel bredere verandering waar straatverlichting, etalageverlichting, door schijnwerpers verlichte gebouwen en verlichte belettering boven afzonderlijke winkels deel van uitmaakten. Aan elk van deze vormen ligt een eigen economische motivatie ten grondslag. Allemaal bij elkaar hebben ze het nachtelijke landschap letterlijk herschapen.[7]

Dit elektrische landschap werd vanaf de jaren '70 van de 19e eeuw een toeristenattractie en bleef dat zeker nog tot de jaren '20 van de 20e eeuw, met name op wereldtentoonstellingen, waar het publiek zich kon vergapen aan de spectaculaire effecten.[8] Elk verschijnsel dat een menigte met ontzag vervult en sprakeloos maakt, is te beschouwen als een vorm van het sublieme. Een van de beste voorbeelden hiervan is de Panama Pacific Exhibition van 1915 in San Francisco, waar lichttechnici van General Electric met behulp van een breed scala aan nieuwe technologieën een compleet nieuw schouwspel creëerden dat een imitatie was van natuurlijk licht. Bij de wereldtentoonstelling in Buffalo van 1901 waren duizenden kleine gloeilampjes gebruikt die de contouren van gebouwen volgden, waardoor die een plat, schilderijachtig aanzien kregen. Deze aanpak was typerend voor de fase van de sierverlichting. De organisatoren van de tentoonstelling van San Francisco daarentegen accentueerden de architectuur van de tentoonstelling met schijnwerpers, waarbij ze de apparatuur op grondniveau verborgen of camoufleerden zodat de toeschouwers de lampen niet opmerkten. Door het licht van de gebouwen te scheiden richtten ze de aandacht weer op de neoklassieke details, die gelijkmatig werden belicht. Ze beseften dat kunstlicht een gebouw een platter aanzien kon geven en wisten de indruk van driedimensionaliteit te behouden door rode 'lichtende schaduwen' te projecteren in hoeken en op andere plekken waar de schijnwerpers schaduwen wierpen. Bij eerdere tentoonstellingen was het altijd een dramatisch moment geweest als de lichten tijdens de schemering werden aangestoken en het terrein in een sprookjesland veranderde, maar hier werd het scherpe onderscheid tussen dag en nacht weggewist. Als de avond viel, werd het natuurlijke licht geleidelijk aangevuld met elektrisch licht, zodat de torens van de tentoonstelling nooit in het donker stonden. Een gebouw dat overdag wit was en bij zonsondergang een roze tint kreeg, werd vervolgens steeds dieper rood. Zo'n aanpak was vooral effectief bij het centrale symbool van de tentoonstelling, de 'Toren van Juwelen', een 130 meter hoog bouwwerk bezet met honderdduizend handgeslepen kristallen, die de krachtige lichtbundels tot een glinsterende regenboog van kleur uiteenbraken. Bij verschillende gelegenheden werden speciale effecten ingezet: ter ere van Saint Patricksdag werden alle gebouwen groen gekleurd. Bij de herdenking van de aardbeving van San Francisco 'werden complete gebouwen in een vlammend rood gezet, en dankzij een kundige manipulatie van de lichten en de inzet van effecten werd verbluffend realistisch de illusie opgeroepen dat de Toren van Juwelen door vuur werd vernietigd' (Ryan, 1915). Batterijen zoeklichten op marineschepen in de Baai van San Francisco leken de natuur te overtreffen met kunstmatige zonsondergangen, een vals noorderlicht en buitensporig vuurwerk zonder vuur. Dit soort lichtshows 'leverde de Wereldtentoonstelling van San Francisco meer entreegeld op dan enige andere attractie' (Talbot, 1921, p. 60).

Naarmate de spectaculaire effecten zich van de wereldtentoonstellingen naar de stad verspreidden, deed zich een derde verandering voor. Niet alleen deed de elektrificatie een tweede stedelijk landschap ontstaan en bood ze toeristen een nieuwe vorm van het sublieme, de stad werd bovendien een ruimte die meer van onder- dan van bovenaf werd verlicht. Tot ongeveer 1910 werd er in de schilderkunst en de architectuur van uitgegaan dat het licht uit de hemel kwam, en hoe een nieuw gebouw eruitzag werd bepaald door zijn relatie tot de hemel. Maar met de komst van de elektriciteit ontstond een nieuwe stedelijke ruimte die van onderaf werd verlicht. Schaduwen vielen op nieuwe plaatsen, en ruimtelijke relaties ondergingen een transformatie.

John Sloans schilderij *The City from Greenwich Village* bevat alle nieuwe vormen van elektrificatie die de skyline van New York en het dagelijks leven hebben bepaald. Sterker nog, het schilderij beeldt New York bijna volledig af in termen van elektriciteit. In de verte gloeit de Great White Way, die met de sterkste concentratie heldere kleuren van het linkerbovenhoek in beslag neemt. De rest van het doek is in warme, donkere tonen gehouden, onderbroken door de contrasterende lichten van winkelgevels en ramen van appartementen. Het gevoel van ruimte wordt slechts gedeeltelijk opgeroepen door het gebruik van conventioneel perspectief; even belangrijk is het geraffineerd terugwijken van de kleuren. Hierdoor lijkt het alsof de helderste kleuren van het schilderij zijn gebruikt voor de Great White Way, maar dit is niet zo. Om deze effecten te bereiken gebruikte Sloan in de voorgrond een geeloranje voor de winkelramen en de reflecties op het natte plaveisel, en spleet deze intense lichtvlekken met de verhoogde lijn die letterlijk naar achteren, naar de White Way wijst, net als de rij winkelramen die van de rechterbenedenhoek naar de geel-oranje wolkenkrabbers in de linkerbovenhoek loopt (Sloan, 1931, p. 128). Om het gevoel van diepte te versterken zijn de contrasten op de voorgrond, met name in het gedeelte onder de White Way, veel sterker aangezet dan langs de horizon. In de hele compositie geeft het elektrisch licht het schilderij zijn structuur. Het creëert een visuele spanning tussen de buurt op de voorgrond, die op menselijke schaal is gebouwd, en de glamour en de macht van de White Way in de verte. Ondanks het feit dat lichtreclames in 1922 al algemeen waren, staat er maar één leesbaar woord op het doek – 'moonshine' [maneschijn] op een gebouw op de voorgrond. 'Moonshine' is zowel een commentaar op de hypocrisie van de drooglegging [het woord heeft namelijk ook de betekenis van 'illegaal gestookte drank'] als een herinnering aan het ontbreken van natuurlijk licht in het nachtelijke stadslandschap.

Sloan was er zich scherp van bewust hoe New York aan het veranderen was, wat in het schilderij te zien is aan de door schijnwerpers beschenen Singer Tower en het Woolworth Building, die als de twee hoogste gebouwen van de stad in het oog springen. Over het schilderij merkte hij op: 'Het vereeuwigt de schoonheid van de oudere stad, die plaatsmaakt voor de uitgehakte torens van modern New York. (National Gallery of Art, 1972, pp. 169-170.)' Daarmee plaatste hij zijn schilderij in een visuele geschiedenis van de stad: Greenwich Village op de voorgrond is nog niet volledig getransformeerd en de sierverlichting en de simpele straatverlichting zijn nog niet helemaal verdwenen. Het is een plek die nog op menselijke schaal is gebouwd en waarvan de stijl dus nog aansluit bij de sierverlichting van een eerder tijdperk. Maar deze gebouwen, deze schaal, en het visuele vocabulaire zelf worden allemaal naar de marge gedrukt door de oprukkende torens en de schittering van de White Way, waarvan de uitgehakte torens zich lenen voor de esthetiek van futurisme en kubisme. Het schilderij verbeeldt niet alleen het contrast tussen twee stedelijke ruimtes, maar suggereert ook al de transparantie en flexibiliteit van de latere fasen in de elektrificatie van de nacht.[9]

NOTEN:

1 Deze historische achtergrond wordt uitgewerkt in David E. Nye, *Electrifying America: Social Meanings of a New Technology* (Cambridge: MIT Press, 1990).
2 Zie bijvoorbeeld Francis C. Moore, *How to Build a Home: The House Practical* (Doubleday & McClure, 1897), p. 57.
3 Over de vergelijkende technologie van booglampen en gesloten gloeilampen, zie Arthur A. Bright, *The Electric Lamp Industry*. New York: Macmillan, 1949.
4 In het begin waren lampontwerpen vaak erg conservatief en gebaseerd op de kandelaars, kroonluchters en gasarmaturen waar de mensen aan gewend waren. David E. Nye, *Image Worlds: Corporate Identities at General Electric*. (Cambridge: MIT Press, 1985), p. 122-123.
5 David E. Nye, *American Technological Sublime*, (Cambridge: MIT Press, 1994), p. 180. Over de symbolische betekenissen van de wolkenkrabber, zie het prachtige werk van Thomas A. P. van Leeuwen, *The Skyward Trend of Thought: The Metaphysics of the American Skyscraper*. (Cambridge: MIT Press, 1988).
6 Over het elektrische sublieme, zie *American Technological Sublime*, pp. 195-198

7 Al in 1915 waren er lichtreclames in vele vormen.
8 'Electrical Illumination at the Buffalo Fair,' *Scientific American* 51, jan. 19, 1901. Zie ook David E. Nye, 'Electrifying Expositions' in David E. Nye, *Narratives and Spaces: Technology and the Construction of American Culture*. (New York: Columbia University Press, 1998), pp. 113-128.
9 De lezing waarop dit essay is gebaseerd bevat ook een analyse van de onbedoelde maatschappelijke effecten van de elektrificatie, zoals energietekorten, stroomuitval en vervuiling.

BRONNEN:

- Fitch, J. M., American Building: The Environmental Forces That Shaped It [2de herziene druk] New York, Shocken Books, 1975
- Gottdiener, M, Collins, C. C., Dickens, D. R., Las Vegas: The Social Production of an All-American City, Oxford, Blackwell, 1999
- Leach, W. R., Land of Desire: Merchants, Power and the Rise of a New American Culture, 1994
- Leeuwen, T. A. P. van, The Skyward Trend of Thought: The Metaphysics of the American Skyscraper, Cambridge, MIT Press, 1988
- Moore, F. C., How to Build a Home: The House Practical, Doubleday & McClure, 1897
- Bright, A. A., The Electric Lamp Industry, New York, Macmillan, 1949.
- Nye, D. E., Image Worlds: Corporate Identities at General Electric, Cambridge, MIT Press, 1985
- Nye, D. E., Electrifying America: Social Meanings of a New Technology, Cambridge, MIT Press, 1990
- Nye, D. E., American Technological Sublime, Cambridge, MIT Press, 1994
- Nye, D. E., Narratives and Spaces: Technology and the Construction of American Culture, New York, Columbia University Press, 1998
- Ryan, W. D., 'Illumination of the Panama Pacific Exposition', *Scientific American Supplement* 79, 12 juni 1915.
- Talbot, F. A., Electrical Wonders of the World, Vol. II., Londen, Caaell, 1921
- Sloan, J., Gist of Art, New York, American Artists Group, 1939
- *John Sloan, 1871-1951.* Washington, D.C.: National Gallery of Art, 1972
- Wise, G., Willis R. Whitney, General Electric, and the Origins of US Industrial Research, New York, Columbia University Press, 1985

ESSAY 02

Orde, chaos en de stad
— Bob Gibson —

Bob Gibson (UK, 1977) heeft zich in zijn werk altijd bezig gehouden met de verbeelding van de stad. Opvallend daarin is dat hij altijd op de een of andere manier de controle over die stad aan de orde stelt. Als lid (en oprichter) van het streetart-collectief *The London Police* tart hij de bestaande controlemechanismen met zijn graffiti. De beeldtaal die hij hiervoor kiest is echter alles behalve rebels: lieflijke, cartooneske figuren die altijd een vrolijke verbroedering uitstralen. In zijn tekeningen is van die lieflijkheid weinig te merken. Hier woekert de stad bijna oncontroleerbaar voort, hier en daar in bedwang gehouden door strenge mannen.

Gibson heeft zijn opleiding als kunstenaar gehad aan de Norwich School of Art, maar volgt nu zijn fascinatie met de stad (en wie of wat haar controleert) door een opleiding Architectuur aan de Academie van Bouwkunst in Amsterdam te volgen. Gibson werkt bij *Urhahn Urban Design* in Amsterdam.

Voor het beeldessay in dit bulletin heeft hij zowel oud als nieuw werk gebruikt. "Zelden weet ik wat ik ga maken als ik begin. Een foto, een plek, een herinnering en als ik geluk heb, vormt zich tijdens het tekenen een idee in mijn hoofd waar ik naartoe werk. Dit proces heeft een vrij zwaarmoedige, donkere serie gevormd, misschien wel een onvermijdelijke reactie op de aanslagen van 11 september. Iedere stad heeft z'n eigen kwetsbaarheid. Het werk is zeer arbeidsintensief, gemaakt met veel details, waarbij ik veel moeite had om witte vlakken te laten. Vaak ensceneer ik mijn beelden in nacht als het licht veel dramatischer voelt". Ook hier speelt hij met het controlerende mechanisme dat hem dit keer door de vormgever is geboden. De kaders die zij hem gaf zijn in de eerste plaats een aanleiding om ze ter discussie te stellen. Hij doorbreekt het dwingende grid, zoals ook zijn stedelijke voorstellingen uit de strakke omhelzing van de logica loskomen.

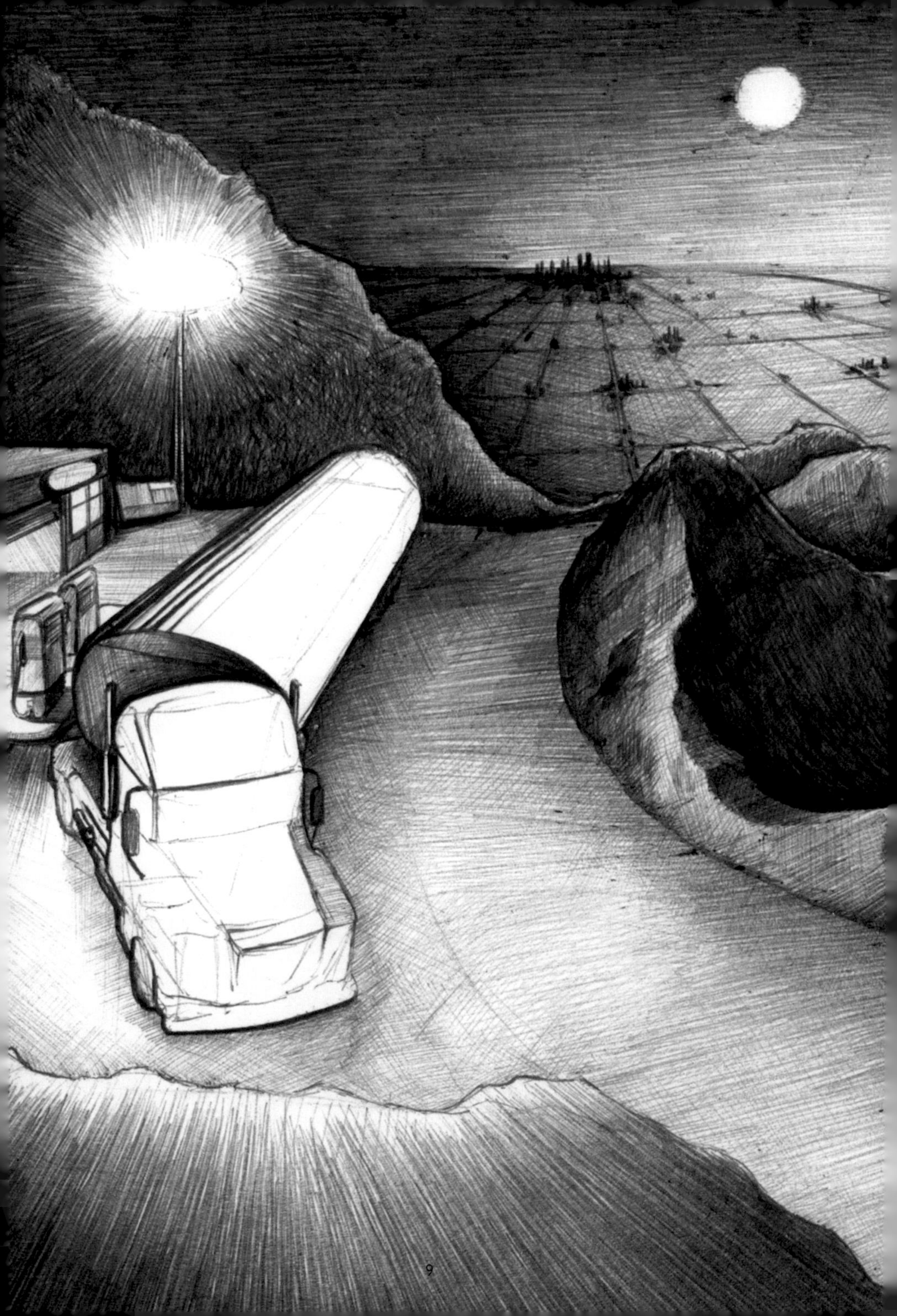

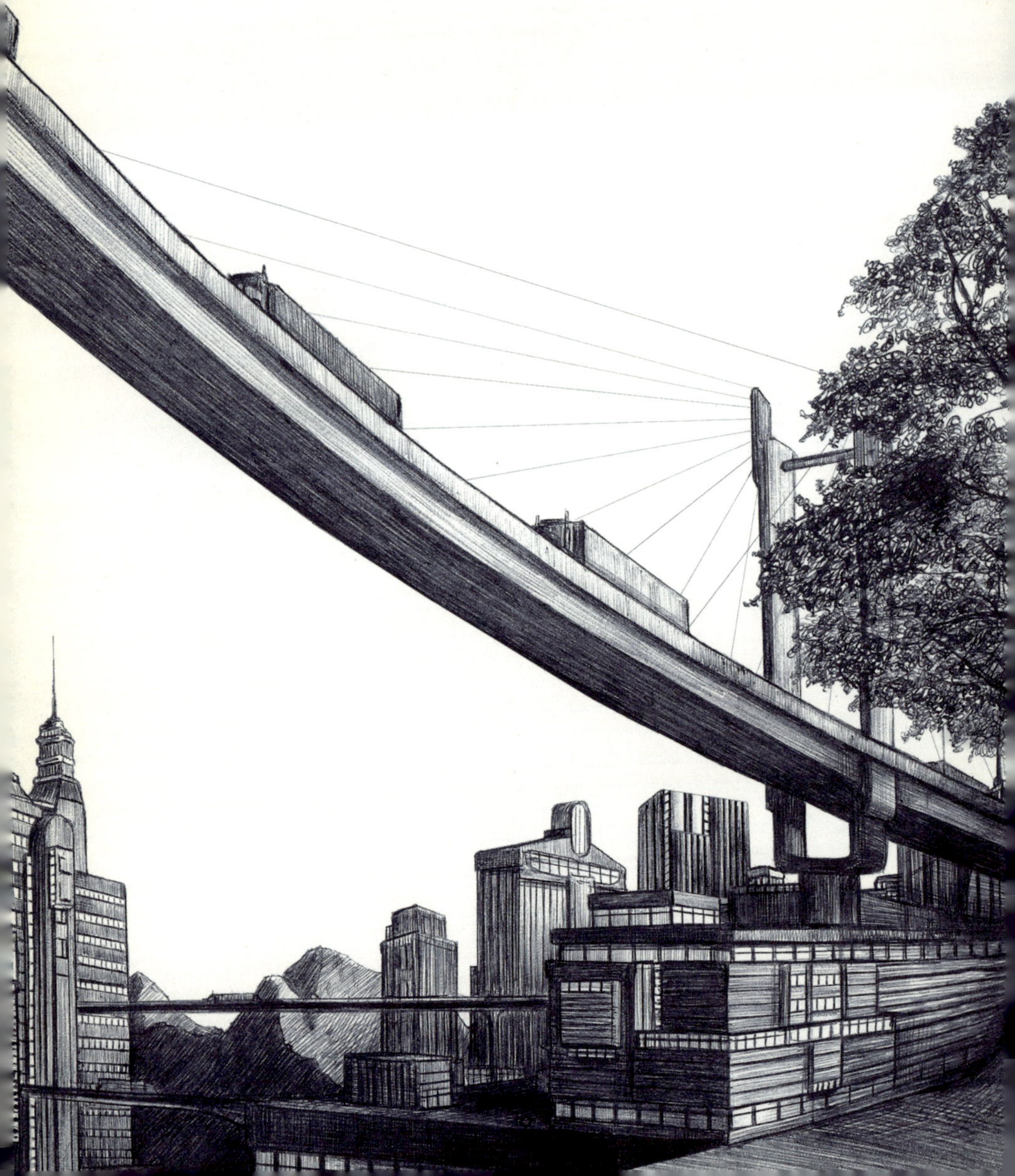

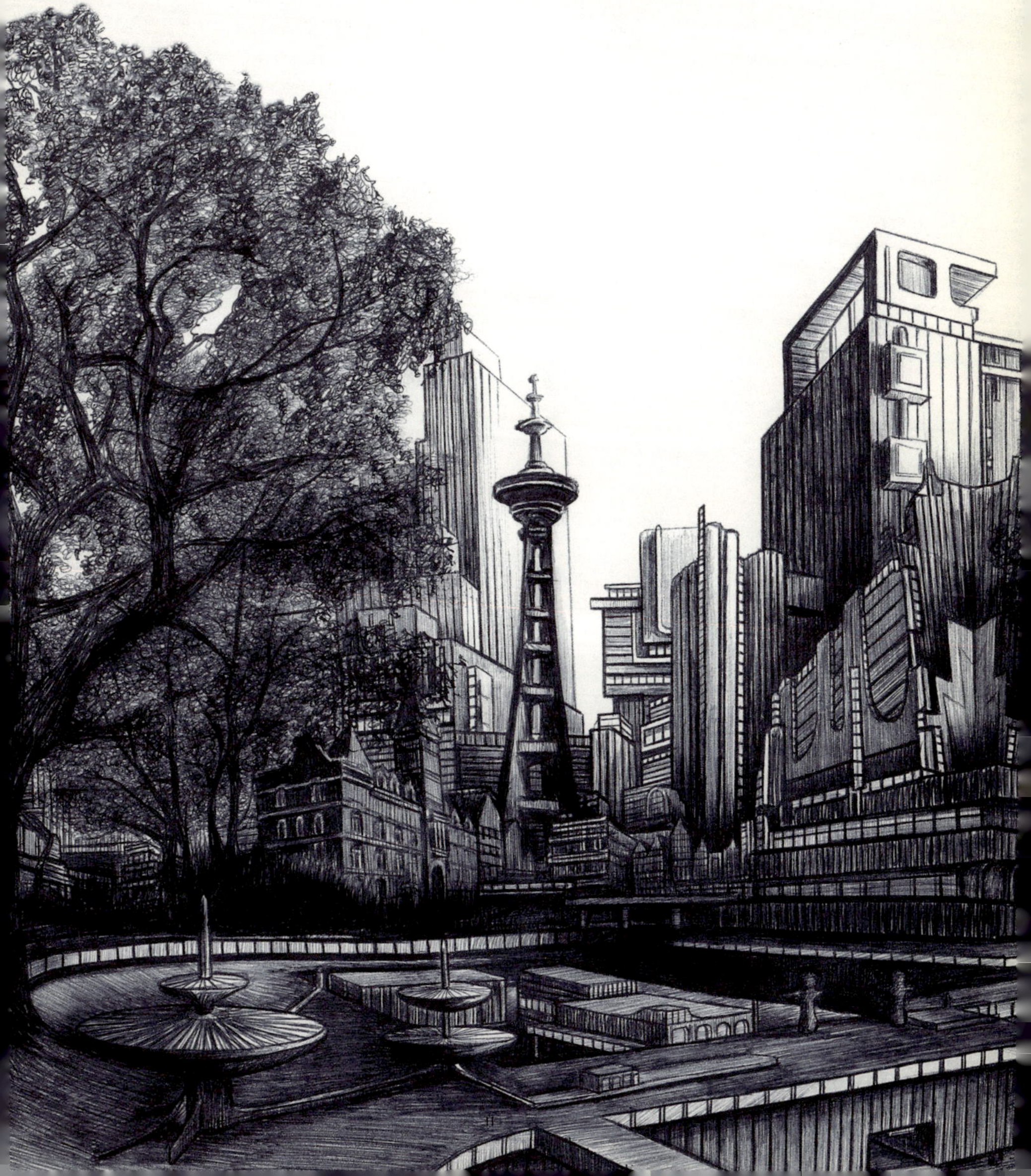

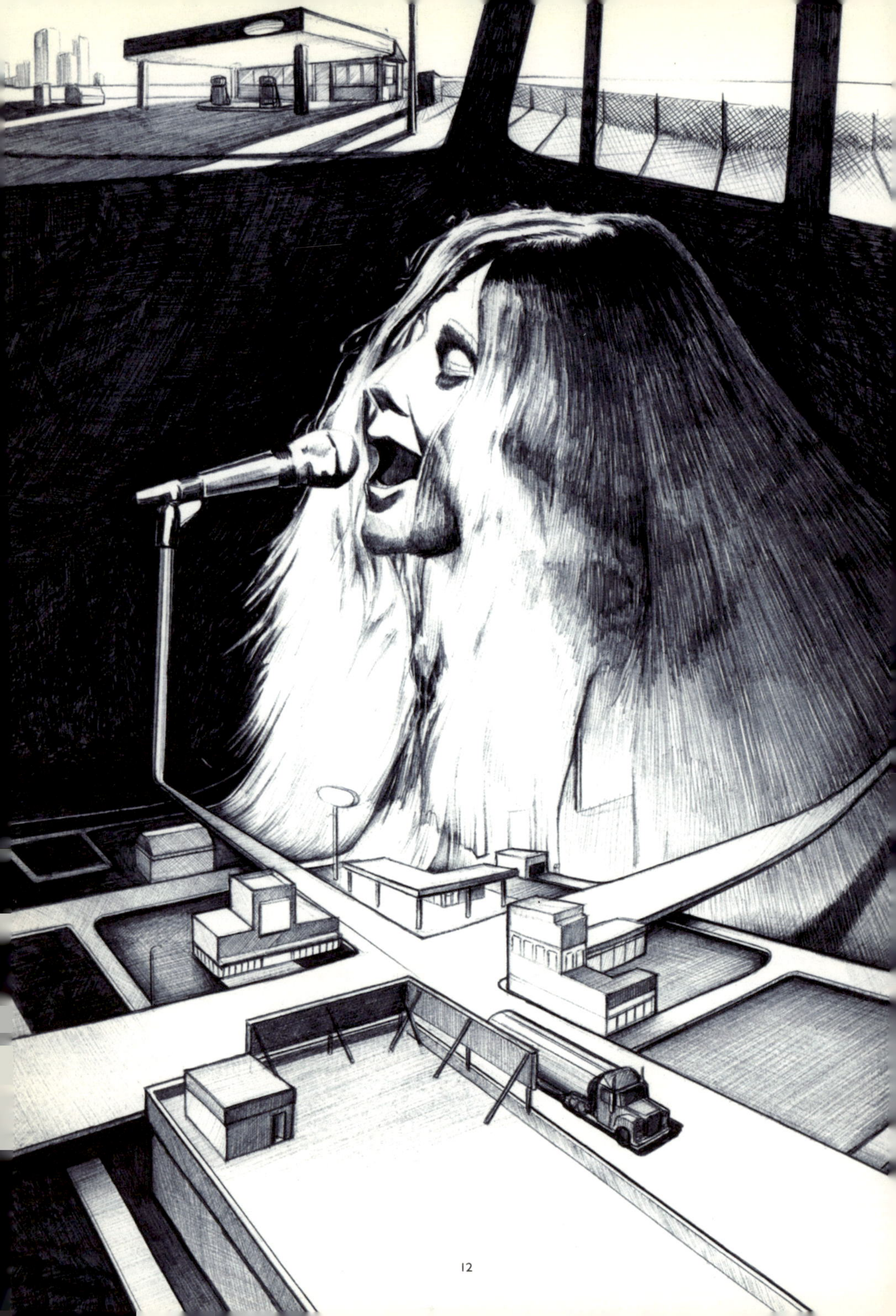

Essay 03

NODALE STEDELIJKHEID
Alex de Jong en Marc Schuilenburg

ARCHITECTUURBULLETIN N° 03|2007
Architect Alex de Jong (NL, 1972) en filosoof/jurist Marc Schuilenburg (NL, 1971) houden zich onder de naam Studio Popcorn bezig met onderzoek naar de relaties tussen media en stedelijke processen. Recent verscheen van hun hand het boek *Mediapolis. Populaire cultuur en de stad* (Uitgeverij 010 Publishers), waarin zij op basis van de thema's 'virtual urbanism', 'sonic urbanism' en 'nodal urbanism' een nieuwe stadtheorie uiteenzetten. Schuilenburg sprak over de gewijzigde betekenis van de publieke ruimte in de nodale stad ter gelegenheid van het tienjarig bestaan van Archined.

INLEIDING

De openbare ruimte verwijst naar de straten en pleinen van een stad. Ze staat daarmee symbool voor de ruimtelijke en culturele aspecten van het stedelijke leven. Op haar best biedt ze de mogelijkheid van een uitwisseling tussen verschillende groepen of bezoekers. Dit wordt ook wel publiek domein genoemd. Dit domein duidt dan op een ruimte waarin meningen en opinies met elkaar worden gedeeld. Anders gezegd, het is een plaats van vrije ontmoeting, van uiteenlopende groeperingen, culturen, levensstijlen en ideeën. De filosofe Hannah Arendt drukte deze functie als volgt uit: "De werkelijkheid van het publiek domein berust op het gelijktijdig 'er zijn' van de ontelbare perspectieven en aspecten waarin de gemeenschappelijke wereld zich manifesteert, en die nooit met een gemeenschappelijke maatstaf kunnen worden gemeten of onder een gelijke noemer zijn te brengen" (Arendt, 1994, p. 63).

De plekken waar mensen elkaar in vrijheid ontmoeten en onderling ideeën uitwisselen, zijn in de afgelopen eeuwen ingrijpend van karakter en plaats veranderd. In de achttiende eeuw fungeerden koffiehuizen als openbare ontmoetingsplekken waar 'verschillen van mening' werden uitgevochten en een publieke opinie tot stand kwam. In de negentiende eeuw waren winkelpassages en publiek toegankelijke bibliotheken de symbolen van de moderne openbaarheid. Weer een eeuw later hebben de straten en pleinen zich verlegd naar de grote winkelcentra in steden als Tokio en Los Angeles. In de overdekte boulevards van deze *malls* hangen groepen jongeren de gehele dag rond, flaneren daar met hun laatste aankopen. De publieke ruimte is dus geen autonoom gebied, dat in de loop van de eeuwen een vast karakter of plaats heeft gehouden. Haar identiteit is niet vooraf gegeven. De invulling van de publieke ruimte wisselt, zowel in tijd als in plaats.

Om de huidige tijd te karakteriseren, spreekt de socioloog Manuel Castells van een netwerksamenleving. Het territorium van een stad wordt daarin niet meer alleen bepaald door de fysieke ruimte. Bij de factor ruimtelijkheid speelt ook de virtualiteit van verschillende stromen of netwerken een belangrijke rol. Wanneer bepaalde regio's, steden en territoria niet zijn ingebed in deze stromen worden ze, om met Castells te spreken, beroofd van de technologische infrastructuur die nodig is om te communiceren, innoveren, produceren, consumeren, kortom te leven in een groter verband. Gelet op het belang dat daarbij wordt toegedicht aan de wereldomspannende werking van informatie- en communicatietechnologieën, blijft de vraag wat een plek tot een openbare ruimte, of zelfs publiek domein maakt, onverminderd actueel. Wat is er openbaar aan een publieke ruimte en hoe ruimtelijk is die openbaarheid in ons tijdperk van globalisering?

EEN MULTIMEDIAAL STADSSCHAP
Wie is niet bekend met de elektronische billboards van Times Square in New York? Beheerst door het spektakel van neonlichten, teksten en de reclames van Roxy Deli, Hershey's, Cup Noodles, Coca Cola en Cadillac worden hier iedere dag meer dan 5.000 reclames vertoond. Bedrijven als HBO en Kodak betalen er ruim 150.000 dollar per maand voor. Was Times Square in New York ooit hét voorbeeld van een plek die werd overspoeld door beelden, nu gaan op iedere straathoek van iedere stad analoge en digitale boodschappen de concurrentie met elkaar aan. Metershoge beeldschermen tonen de nieuwste reclames van Sony en Burberry, gigantische televisieschermen en lichtkranten houden de voorbijganger voortdurend op de hoogte van het laatste nieuws en de meest recente weersvoorspellingen. Ver voordat de plaats van bestemming met de auto is bereikt, melden lichtteksten of er nog kaarten te koop zijn voor het concert van die

avond, of er nog plek is in de dichtstbijzijnde parkeergarage en hoeveel seconden het duurt voordat het stoplicht voor de afslag naar de parkeergarage op groen springt. En dat zijn slechts elektronische tekens. Ook strijden de beelden en slogans van uithangborden, posters, graffiti en stickers op muren, brievenbussen en verkeerslichten met elkaar om voorrang. De stad is het toneel geworden van in elkaar overlopende en naar elkaar verwijzende media. Door deze bundeling van beelden en informatie komt het klassieke concept van 'de stad' sterk onder druk te staan. Het wordt steeds moeilijker nog een concrete voorstelling van een stad te vormen. Hoe kunnen we een beeld van een stad krijgen wanneer een constante stroom van informatie en gerecyclede beelden onze perceptie van de fysieke omgeving voortdurend in de war brengt (Boyer, 1996, p. 150) Los Angeles en Tokio zijn letterlijk onvoorstelbaar geworden. Deze complexiteit leidt tot een bastaardomgeving waarin alles voortdurend wordt getransformeerd en geremedieerd. De stedelijke omgeving is een hybride plaats waarin verschillende vormen van ruimtelijkheden met elkaar versmelten. Meer dan als een afgebakende, territoriale eenheid zullen we de openbare ruimte daarom moeten opvatten als een combinatie van verschillende media: een multimediale samenvoeging van woord, beeld, beweging en geluid. Alleen dan begrijpen we dat de openbare ruimte zelf een massamedium is geworden.

VIRTUALITEIT IS DAT WAT TERUGSLAAT
Slechts te concluderen dat de stad een multimediale omgeving is geworden, is onvoldoende. Niet alleen heeft de openbare ruimte multimediale kenmerken gekregen, ze is ook ingebed in een virtueel netwerk. Dit biedt creatieve mogelijkheden, maar heeft tevens

repressieve consequenties. Nieuwe technologieën op het gebied van de orde en veiligheid maken dit laatste gevolg iedere dag duidelijk. Sinds het begin van de jaren 90 worden op grote schaal detectie- en patroonherkenningscamera's in de openbare ruimte geplaatst. In Londen wordt het metronet door een netwerk van duizenden camera's gedekt. Met het programma Mandrake worden gezichten aan databanken met foto's van recidivisten gekoppeld waardoor binnen zestig seconden 15 miljoen mensen kunnen worden vergeleken. In Rotterdam wordt de afstand van het stadhuis tot het Centraal Station bestreken door een netwerk van camera's. In geavanceerde vormen waarschuwen deze systemen private veiligheidsinstanties op het moment dat bepaalde gezichten worden herkend of als gezichtsuitdrukkingen erop wijzen dat agressief gedrag op komst lijkt te zijn.

Het gevolg van deze ontwikkelingen is dat de openbare ruimte steeds verder verknoopt met de virtuele stromen van verschillende media. Maar die verknoping beperkt zich niet tot een virtualisering van de fysieke ruimte, zoals die van de onmiddellijke impact van data- en surveillancetechnologie op het dagelijkse leven.

Ook de virtuele ruimte krijgt steeds meer kenmerken van een 'fysieke' omgeving. Kijken we naar online games als *EverQuest*, *Ultima Online* en *Project Entropia*, dan zien we daar volkomen nieuwe werelden verrijzen. In die games verzamelen miljoenen spelers zich in driedimensionale omgevingen. Verborgen voor niet-gamers ontvouwt zich een globale economie waarin huizen, eilanden, hotels en resorts onderling worden verhandeld. Op speciale veilingsites als MyGameStock en Internet Game Exchange worden deze plaatsen aan elkaar verkocht.

In 2004 kocht een speler in het spel *Project Entropia* een virtueel ruimtestation voor het bedrag van 100.000 dollar. Dit station werd omschreven als een 'monumentaal project'. Zoekt men op eBay met de term online games, dan stuit men op een virtuele economie die gelijk is aan het Bruto Nationaal Product van een gemiddeld Oost-Europees land. De Amerikaanse econoom Edward Castronova die onderzoek heeft gedaan naar de virtuele omgeving van het online rollenspel *EverQuest* concludeerde in 2001 dat de economie van dit spel de zevenenzeventigste is op de wereldranglijst. Daarmee bevond deze game zich tussen de economieën van Rusland en Bulgarije in.

Hoe werkt dit virtualiseringsproces in onze fysieke omgeving door? In mei 2006 kondigden de makers van het spel *Project Entropia* aan dat virtueel geld uit dit online spel uitgekeerd kon worden in 'echt' geld door te pinnen bij speciale automaten. Tien Project Entropia Dollars (P.E.D.) zijn evenveel waard als één Amerikaanse dollar. Kunnen we dan nog langer spreken van een onderscheid tussen een 'slechts schijnbaar bestaande' en 'objectieve' werkelijkheid?

DE VERBINDINGEN TUSSEN MENSEN

Om te achterhalen wat de ruimtelijke effecten zijn van de voortdurende beweging van het reële naar het virtuele en omgekeerd – de notie dat elke virtualiteit op den duur realiteit wordt en iedere realiteit weer verzinkt in een virtuele wereld – moeten we aandacht besteden aan een derde kenmerk van de openbare ruimte, dat van connectiviteit. Met de constatering dat miljoenen spelers zich verzamelen in synthetische omgevingen, wordt duidelijk dat mediale processen ervoor zorgen dat mensen uit de hele wereld met elkaar in verbinding staan en sociale relaties met elkaar aanknopen. In dat opzicht heeft connectiviteit vooral een sociale betekenis. Ook buiten de traditionele plekken van de publieke ruimte, zoals de pleinen, parken, koffiehuizen, bibliotheken, warenhuizen en winkelcentra, ontvouwt zich namelijk een sociale omgeving.

Volgens schattingen bevinden zich iedere dag tussen de dertien en veertien miljoen mensen in de parallelle werelden van games, die alleen bestaan op servers in de Verenigde Staten, Europa of Zuid-Korea. In deze *global villages* werken spelers samen, proberen ze rijkdom te vergaren in de vorm van wapens en woningen en treden ze zelfs met elkaar in het huwelijk. Om die bruiloften op te luisteren bieden verschillende games passende locaties, feestkleding en trouwringen aan. Welke concrete eigenschappen hebben deze gemeenschappen? Zaken als geloof, ras, sekse of afkomst zijn geen bindende factor meer. Daarmee beantwoorden deze gemeenschappen niet aan de klassieke opvatting van *Gemeinschaft*, zoals de Duitse socioloog Ferdinand Tönnies die nog voor ogen had in zijn boek *Gemeinschaft und Gesellschaft* uit 1887. In het theoretische model van Tönnies is iedere gemeenschap een mix tussen *Gemeinschaft* en *Gesellschaft*. In een *Gemeinschaft* zijn individuen zowel gericht op de groep als op zichzelf. Zij worden gestuurd door gemeenschappelijke waarden en overtuigingen. De *Gemeinschaft* wordt gekenmerkt door sterke persoonlijke relaties en familiebanden en relatief simpele sociale instellingen. Het gezin is voor Tönnies het ideale voorbeeld van een *Gemeinschaft*.

Met de elektronische globalisering van de aarde door gsm's, internet, satellieten en televisie moet de notie van gemeenschap in een andere richting worden gezocht. De

Fig. 3.1 Poster van World of Warcraft

Fig. 3.2 Poster van Lineage: the Choatic Chronicle

Fig. 3.3 Poster van City of Villains

negentiende-eeuwse notie van *Gemeinschaft* heeft een andere betekenis gekregen. De socioloog Craig Calhoun spreekt van de secularisering van het concept van gemeenschap: "Gemeenschapsleven kan worden begrepen als het leven dat mensen leiden in geconcentreerde, relatief autonome netwerken van sociale verhoudingen. Gemeenschapsleven is dus geen plaats of simpelweg een kleine groep mensen, maar een manier van omgang, variabel in omvang" (Delanty, 2003, pp. 179, 180). In dat verband kunnen we stellen dat virtuele gemeenschappen met een sterke onderlinge band tamelijk zeldzaam zijn. Het is beter te spreken van 'dunne' gemeenschappen waarin personen elkaar meestal vreemd blijven, niet op de hoogte zijn van elkaars ware geslacht, naam of leeftijd.

OPEN EN GESLOTEN ONTMOETINGSPLAATSEN

Wat connectiviteit daadwerkelijk vernieuwend maakt, is dat die gemeenschappelijkheid zich wereldwijd vertakt. Het resultaat is een netwerk waaraan ieder eenrichtingsverkeer vreemd is. Aldus ontvouwt met de elektronische globalisering een samenzijn dat steeds wisselt van omvang, plaats en karakter. Daarmee zijn we toegekomen aan het laatste kenmerk van de openbare ruimte. En tegelijkertijd ook het meest diffuse kenmerk van die omgeving. Terwijl de effecten van multimedialiteit, virtualiteit en connectiviteit geen aanleiding geven tot veel discussie, is er wel verschil van mening over de betekenis van het begrip interactiviteit. Dat het een containerbegrip is, daar is iedereen het wel over eens. Veel theoretici vragen zich dan ook af of het iets toevoegt aan ons begrip van de werking van de media. Volgens Espen Aarseth, de grondlegger van de cybertext theorie, is interactivity niets anders dan een modewoord, een goedkope retorische truc van de industrie om meer omzet te behalen (Aarseth, 1997, p. 48). Lev Manovich voegt daaraan toe dat de term een tautologie is. Volgens de auteur van *The Language of New Media* is iedere inhoud die zich in een digitale omgeving presenteert per definitie interactief (Manovich, 2002, p. 55). Hetzelfde probleem doet zich ook voor wanneer we interactiviteit proberen te definiëren in onze fysieke omgeving. Het Son-O-House in Eindhoven van de Nederlandse architect Lars Spuybroek is een paviljoen dat reageert op de bewegingen van de aanwezigen. De binnenkant van het paviljoen is volgehangen met luidsprekers en infraroodsensoren. De bewegingen van de aanwezigen worden geregistreerd door sensoren waarbij ieder signaal is gekoppeld aan een specifiek geluidseffect. Is hier sprake van interactiviteit? Vergeleken met de werking van een klimaatinstallatie of airconditioning is de wisselwerking tussen gebouw en aanwezigen niet eens zoveel anders. Misschien is dit één van de redenen waarom men de term interactiviteit dikwijls nogal nietszeggend vindt. Om meer greep op het concept van interactiviteit te krijgen, moeten we de meest eenvoudige definitie, die interactiviteit omschrijft als de voortdurende wisselwerking tussen een persoon en zijn omgeving, achter ons laten. Veel meer dan dat wij altijd interactief zijn omdat we reageren op de prikkels die we continu ontvangen van de mensen en de dingen om ons heen, maakt deze beschrijvende definitie niet duidelijk. Veelzeggender dan deze definitie is een omschrijving die niet alleen het vermogen duidelijk maakt om op een explorerende en constructieve wijze te interveniëren in een ruimtelijke gelaagdheid, maar een die ook de vermeende neutraliteit van interactieve technieken weerlegt. Die twee kanten – een explorerende en een constructieve – komen samen als we interactiviteit opvatten als de mogelijkheid om in de ruimte van de stad open en gesloten systemen met elkaar te verbinden. Interactiviteit is dan te vergelijken met een koppeling van verschillende systemen. In deze definitie kunnen we interactiviteit lokaliseren precies op het punt waar het ene systeem overgaat in het andere. Een interactieve omgeving is zo te omschrijven als een relatief open milieu dat een aantal relatief gesloten systemen met elkaar verbindt. Niet alleen wordt in deze laatste opvatting van interactiviteit duidelijk hoe systemen wederzijds op elkaar inwerken, ook wordt zichtbaar hoe nieuwe systemen zich losmaken om relatief onafhankelijk van hun context te functioneren. Het begrip interactiviteit staat zo altijd in relatie tot een sociale omgeving. Bovendien blijkt interactiviteit geen neutraal of waardevrij middel te zijn, ze markeert een punt van toegang, een entree tot een andere ruimtelijkheid, sfeer of buurt. Welke vormen van gemeenschappen komen tezamen? Welke groepen van personen worden uitgesloten van bepaalde ruimten? Dat is tevens de politieke kant van interactiviteit. Ze maakt namelijk de verbinding mogelijk dat iemand zich kan bewegen van de ene naar de andere afgescheiden ruimte.

POP-UP RUIMTEN

De publieke ruimte verandert continu van karakter en plaats. Dat is in de afgelopen eeuwen wel duidelijk geworden. Nu veronderstelt de eenentwintigste eeuw, de eeuw waarin technologische media voor het eerst op grootschalige wijze in ons bestaan doordringen, een andere opvatting van publieke ruimte. In dit kader spreken we over nodale stedelijkheid.[1] Nodale stedelijkheid is de benaming van een samenhangende ruimte die niet meer gedefinieerd kan worden in louter fysieke termen. In plaats van eindig in haar bepaaldheid is deze ruimte flexibel en ontleent ze haar vorm aan de context waarin ze is opgenomen. Tegen de achtergrond van de kenmerken multimedialiteit, connectiviteit, virtualiteit en interactiviteit moeten we daarom opnieuw kijken naar de wijze waarop een publieke ruimte tot stand komt. Hoewel elk van deze vier kenmerken een eigen voorgeschiedenis heeft en zich heeft ontwikkeld via verschillende media, houdt deze notie meer in dan een vrijblijvend betoog over architecturale principes. Vanuit nodale stedelijkheid luidt de vraag: welke mix van knooppunten wensen we in onze steden?

NOTEN:

1 Zie voor een verdere uitwerking van nodale stedelijkheid het hoofdstuk 'De stad in een overstroomde wereld' in: De Jong & Schuilenburg, 2006.

BRONNEN:

- Aarseth, E.J., *Cybertext: Perspectives on Ergodic Literature*, London, The Johns Hopkins University Press, 1997
- Arendt, H. *Vita Activa*, Amsterdam, Boom, 1994
- Boyer, M.C. *CyberCities: Visual Perception in the Age of Electronic Communication*, New York, Princeton Architectural Press, 1996
- Delanty, G., *Community*, London/New York, Routledge, 2003
- Jong, A. de & Schuilenburg, M., *Mediapolis. Populaire cultuur en de stad*, Rotterdam, Uitgeverij 010 Publishers, 2006
- Manovich, L., *The Language of New Media*, Cambridge/Massachusetts, The MIT Press, 2002

Essay 04
De Dionysische impuls in de moderne architectuur: Le Corbusier en het hedendaags ontwerp

Aaron Betsky

ARCHITECTUURBULLETIN N° 03|2007
Aaron Betsky (VS, 1958) is directeur van het Cincinnatti Art Museum in de Verenigde Staten en publicist over architectuur en beeldcultuur. Opgeleid als architect blijft hij een fascinatie houden voor Le Corbusier, en de betekenis die hij heeft voor de hedendaagse architectuur. Dit essay is geschreven naar aanleiding van de grote overzichtstentoonstelling die eind mei opent in het NAi onder de titel *Le Corbusier: de kunst van de architectuur*. Betsky was van 2001 tot 2006 directeur van het NAi.

Toen ik begin jaren '80 aan de oostkust van de Verenigde Staten architectuur studeerde, raakte ik geheel in de ban van het werk van de Britse architect James Stirling. Wat me het meest aansprak was de complexiteit van zijn plattegronden en doorsneden. Stirling leek maar matig geïnteresseerd in het creëren van samenhangende en monumentale gebouwen, maar ontwierp ingewikkelde assemblages van fragmentarische vormen, bijeengehouden door lange hellingbanen, 'piano curves' (dubbele gebogen lijnen die aan een vleugelpiano doen denken) en *fenêtres en longueur*, lange, horizontaal doorlopende ramen. Stirlings gebouwen waren geen gesloten blokken, maar open constructies die werden doorkruist door vrij toegankelijke looproutes, niet alleen op de begane grond, maar vaak ook diagonaal door het gebouw heen. Lange rijen kolommen marcheerden door grote hallen. Daar gingen de trappen, hellingbanen en andere elementen van uiteenlopende aard een spel aan met het rigide systeem van de bouwconstructie, waarbij ze dwars door wanden, die op papier maar dun leken, heen boorden. Wij studenten werden verleid door het pure genot controle te hebben over al die elementen. Stirling liet ons zien dat gebouwen de complexiteit van het moderne leven konden indikken tot een nieuw soort orde.[1]

Terwijl sommigen van ons dus tegen Stirling opkeken, waren anderen op school idolaat van Richard Meier en Charles Gwathmey. Ze zwoeren bij het door deze architecten gehanteerde palet van witte muren (feitelijk was alles wit), rasters van kolommen en vrij opgestelde circulatie-elementen. In het werk van de *New York Five*, genoemd naar het invloedrijke boek uit 1975 waarin het werk van deze architecten naast dat van Peter Eisenman, John Hejduk en Michael Graves werd gezet (Eisenman, 1975), zagen ze de bouwstenen voor een moderne architectuur die binnen de grenzen van deze serene bouwwerken een samenhangend antwoord kon geven op de complexiteit van de wereld.
Er waren ook studenten die de Italiaanse neo-rationalisten volgden, met name Aldo Rossi. Ze voelden zich aangetrokken tot diens simpele geometrische vormen, zijn cilinders, kubussen en lange, rechthoekige, van galerijen voorziene bouwwerken die uitdrukking gaven aan een tijdloze stedelijkheid. Rossi's prachtig getekende schetsboeken bevatten collages van de Duomo in Milaan bij

avondlicht, een standbeeld van Sint Augustinus, een colablikje en geometrische basisvormen, getekend alsof ze tezamen een logische omgeving vormden.[2] In zijn *Libro Azzurro*-schetsboeken, in 1981 in facsimile gereproduceerd, toonde Rossi herinneringen aan historische architectuur en een fascinatie voor het puin van het moderne leven, gecombineerd met visionaire programma's voor een bijna utopisch urbanisme en grootse gebouwen gedomineerd door simpele geometrische vormen (Rossi, 1984).

Als studenten zaten we elkaar voortdurend in de haren over welke van deze richtingen nu de juiste was. Het leek wel of de toekomst van de architectuur (en voor ons was dat natuurlijk de hele wereld) ervan afhing of Stirling, Meier dan wel Rossi de internationale prijsvraag zou winnen waar ze op dat moment aan deelnamen. Pas toen we de veilige omgeving van onze school verlieten en werden geconfronteerd met de realiteit van de stad om ons heen, of over vormen en beelden discussieerden met de kunststudenten met wie we het gebouw deelden, beseften we de beperktheid van onze discussie. We hadden het er eigenlijk alleen over hoe de erfenis van Le Corbusier moest worden voortgezet.

Le Corbusier was een onvermoeibaar propagandist, een charismatisch leider van bewegingen en een producent van vormen die nog altijd wordt geïmiteerd. Het is niet aan mij een exegese te geven over de vele opzichten waarin hij een centrale figuur is in de modernistische architectuur. Evenmin wil ik hier zijn stedenbouwkundige ontwerpvoorstellen en hun blijvende invloed bespreken. Waar het me hier om gaat, is de manier waarop hij met zijn architectuur voor bepaalde benaderingen stond, de reeks instrumenten die hij architecten in handen heeft gegeven en hoe hij zich als architect opstelde, aspecten die ook vandaag de dag nog relevant zijn.

Al voor ik studeerde stond Le Corbusier hoog in aanzien bij architecten en dat is sindsdien nooit meer veranderd. En dat terwijl de meesten van hen erkennen dat hij een architectonisch en stedenbouwkundig erfgoed heeft nagelaten waarvan de maatschappelijke consequenties in elk geval twijfelachtig zijn. Ze bewonderen hem vooral om de prachtige vormen die hij heeft gemaakt. De complexe plattegronden, het 'kunstzinnige, exacte en schitterende spel van volumes, bijeengebracht in het licht'.[3] De grootse visioenen van zijn stedenbouwkundige plannen oefenen nog steeds een grote aantrekkingskracht uit op degenen die met het vuur van architectuur spelen, in de overtuiging dat hierin een visie of een samenhangend antwoord op het moderne leven te vinden is. Meer dan welke andere 20e-eeuwse architect ook heeft Le Corbusier architectuur gedefinieerd als een autonome activiteit met een eigen esthetische beleving, die tegelijk ook past binnen een visie op het

Fig. 4.1 Villa Savoye, Poissy 1929-30, Le Corbusier
foto: © Ralph Lieberman

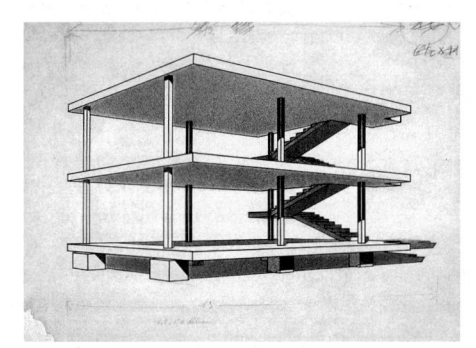

Fig. 4.2 Dom-Ino huis 1914, Le Corbusier
beeld: © Foundation Le Corbusier Parijs

modernisme als representatie van en drijvende kracht achter de moderne wereld. Hij speelde vrolijk met de vormen, de vele ordeningslagen, de compositie van de afzonderlijke elementen en de simpele logica van een compleet, geïntegreerd geheel dat in het landschap tot stand wordt gebracht. Le Corbusier pleitte voor architectuur als een vorm van complete schoonheid. Zijn visie mag in deze tijd van relativering velen enigszins absurd in de oren klinken, architecten worden er nog steeds door gefascineerd, omdat hij hen een duidelijk en helder omschreven doel geeft. In plaats van alleen aan de wensen van de opdrachtgever tegemoet te komen of binnen een bepaalde kavel te blijven, kunnen ze iets scheppen dat hun idealen vertegenwoordigt. En in plaats van dat object aan te bieden als een abstract systeem dat zo weer verdwenen kan zijn (zoals gebeurde met Ludwig Mies van der Rohe, in de 20e-eeuwse architectuur de Apollinische tegenhanger van de dionysische Le Corbusier), kunnen ze een object presenteren met een schaal, een textuur en een compositie die verwijzen naar dezelfde esthetische canons die ook in de beeldende kunst in gebruik zijn.[4]

Le Corbusier is met andere woorden model gaan staan voor de architect als iemand (tot voor kort altijd een man) die in staat is architectuur te produceren als samenhangend en artistiek antwoord op het moderne leven. Hij was de laatste heroïsche figuur in de architectuur, het genie dat zowel kunstenaar als technocraat was, zowel intuïtief ontwerper als rationeel organisator. Hij bedacht vormen als uit het niets en wist die met zoveel kracht aan locaties op te leggen dat ze het object werden van zowel diepe bewondering als intense verachting. Maar zijn ambities waren nog veel groter en strekten zich uit tot de schepping van een compleet nieuw model voor stedelijk leven (hij bedacht er tijdens zijn loopbaan zelfs meerdere en liet zijn volgelingen zo de ruimte om uit vaak tegenstrijdige modellen te kiezen). Een van deze visioenen wist hij zelfs in India gerealiseerd te krijgen. Het waren landschappen waaruit de gebouwen met organische kracht oprezen. Met zijn concrete gebouwen en de weidse vergezichten die hij opende, inspireert hij ook nu nog velen.

Veel elementen van de huidige architectuurpraktijk zijn terug te voeren op het werk van Le Corbusier, al was hij natuurlijk niet de enige die gebouwen op zuilen en split-level appartementen bedacht, noch de enige die de beeldtaal van machines op gebouwen toepaste. Maar gezien het feit dat hij zo veel punten op samenhangende wijze presenteerde, ze zo helder verwoordde en zich een zo charismatisch pleitbezorger betoonde, moet worden vastgesteld dat het toch vooral zijn verdienste is dat ook hedendaagse architecten nog over een lexicon beschikken waaruit ze kunnen putten als ze pleiten voor de artistieke productie van een autonome architectuur.

Een zeker niet uitputtende lijst zou moeten beginnen met de 'vijf punten' die Le Corbusier begin jaren '20 formuleerde.[5] Dit waren: 'Les pilotis' (het gebouw wordt van de grond verheven om het

Fig. 4.3 Portret van Le Corbusier met Modulor
1960-65 – beeld: © Foundation Le Corbusier Parijs

fysiek te bevrijden van de realiteit van vervuiling en stank, en metaforisch van het verleden), de daktuin (als middel om de ingenomen ruimte terug te winnen), de vrije plattegrond en de vrije gevel, en 'La fenêtre en longueur' (de lange, horizontaal doorlopende ramen). Deze elementen beschouwde hij als architectonische middelen om een nieuwe relatie tot stand te brengen tussen het menselijk lichaam en de wereld. Tot op de dag van vandaag zijn dit vruchtbare ordeningsprincipes en goede invalshoeken om over gebouwen na te denken, al kleven er ook problemen aan. Het idee om een gebouw van de grond te verheffen knoopt aan bij de traditie van de *piano nobile* terwijl tegelijkertijd het huis uit de wereld van de automobiel wordt losgemaakt door die machine onder het gebouw weg te stoppen. Een bekend voorbeeld hiervan is Le Corbusiers Villa Savoye uit 1927.[6] De openheid van zo'n ruimte is echter maar al te vaak moeilijk te vinden en de gebruiksmogelijkheden bleken beperkt doordat ze zo donker waren. Daktuinen zijn populair voor stadswoningen, maar in de economische realiteit zijn ze maar voor heel weinig mensen bereikbaar.[7] Pas nu worden er experimentele pogingen gedaan om de daktuinen zo ver uit te breiden dat ze hele gebouwen beslaan. Ze zijn

Fig. 4.4 Dakterras van de Unité d'habitation Marseille 1946, Le Corbusier - beeld: © Foundation Le Corbusier Parijs

wel veelbelovend, vooral als ze in verband worden gebracht met de aardgebonden constructies waarmee Le Corbusier experimenteerde in naoorlogse huizen als Maison Jaoul in Neuilly-sur-Seine uit 1955.[8]

De vrije plattegrond en de vrije gevel blijven de pijlers van een architectuur die zichzelf als autonoom beschouwt. Het streven om de ruimte die dankzij nieuwe bouwmethoden kan worden gecreëerd, te bevrijden van door constructie en omsluiting opgelegde beperkingen, zodat een vrij en individueel domein kan ontstaan, blijft een van de grote rationalisaties voor de bouw van moderne architectuur. De architect kan deze vrijheid concentreren door helder gedefinieerde uitzichten te creëren en binnen de open plattegrond en gevel structuur en circulatie-elementen aanbrengen, om zo een gevoel van orde creëren. Ook al is het strokenraam niet meer zo populair, het idee van architectuur als bemiddelaar tussen lichaam en landschap blijft een sterk argument bij het bouwen van een afgebakende ruimte.[9] Waar hedendaagse architecten de meeste moeite mee hebben, is het primaat dat Le Corbusier via het strokenraam toekende aan het oog, dat zijn dominante blik laat glijden over een indolent (en vaak vrouwelijk) landschap.[10] Hedendaagse ontwerpers kiezen liever voor relaties waarbij ook andere zintuigen en het hele lichaam worden geactiveerd.

Tegenover of binnen deze ordeningsprincipes presenteerde Le Corbusier geometrische, driedimensionale objecten die waren bevrijd van de buitenwereld en het verleden. Deze 'zuivere vormen' die 'in het licht konden spelen' zouden de architectuur terugbrengen tot haar basisbestanddelen. Ontdaan van alle decoratieve aangroei die zich in de loop van de eeuwen had afgezet zouden de wezenlijke aspecten van de bouwconstructie weer leesbaar worden. Ze zouden ook in een wederzijdse relatie staan met het menselijk lichaam en het landschap. Voor Le Corbusier, en voor veel architecten na hem, hebben deze vormen een bijna mystieke betekenis. Ze vertegenwoordigen een absolute waarheid in zichtbare vorm.[11] Er is een interessante analogie te trekken met de manier waarop de architect Frank Lloyd Wright werd opgevoed met de zogenaamde 'fröbelblokken' die volgens de Duitse theoreticus naar wie het de bouwblokjes zijn genoemd, het kind in staat zouden stellen zich de fundamentele ordeningsprincipes van de wereld eigen te maken (Gill, 1987). Le Corbusier had deze achtergrond niet, maar bleef geïnteresseerd in de mogelijkheden die dit soort vormen konden bieden om de visuele verwarring rondom ons meester te worden (Le Corbusier, 1923).

Merkwaardig is dat deze zuivere vormen als zodanig zelden opduiken in het werk van Le Corbusier of zijn volgelingen. In plaats daarvan worden ze vervormd: ze worden hybridisch, uitgerekt, gebogen of op een andere manier in veel gecompliceerder entiteiten veranderd. Sommige van deze vervormingen zijn misschien pragmatisch of programmatisch, maar over het algemeen zijn het reacties op het menselijk lichaam, of op wat Le Corbusier beschouwde als de drijvende kracht achter de moderne beeldtaal, de machine. Le Corbusier, die werd gefascineerd door moderne schepen, auto's, vliegtuigen en andere voertuigen, zag in de gestroomlijnde vormen van deze machines een transformatie van de geometrische basisvormen tot werktuigen die bij het moderne tijdperk pasten.[12] Uiteindelijk bemiddelde de architectuur tussen het menselijk lichaam in heel zijn vlezige, hybride vorm en de machinale precisie van de werktuigen van het moderne leven, niet alleen door een kader te bieden maar ook via empathische objecten. De architectuur moest louter door haar aanwezigheid als vorm in de ruimte de verbinding vormen tussen de mens en de wereld die hij (niet zij) had gemaakt.

Dit mag ons nu als enigszins twijfelachtige fictie in de oren klinken, veel architecten worden er nog steeds door aangetrokken. Als men erin slaagt iets fundamenteels en onveranderlijks als de realiteit van de menselijke gebruiksvorm samen te brengen met de opwinding (of de verschrikking) van de realiteit van het machinetijdperk waarin we leven, dan komt men op voor een fundamenteel humanistische architectuur. Want dat is wat Le Corbusier hier voorstelt: door zich te plaatsen tussen de mens en wat hij heeft gemaakt biedt de architectuur ons inzicht in onze plaats in de wereld. Deze architectuur geeft ons de controle terug over onze wereld, niet door er rasters overheen te projecteren, maar door een sculptuur te maken van datgene wat we zelf zijn en wat we in afgeleide vorm hebben gemaakt. Deze architectuur gebruikt de technologie als faciliterend en vormgevend instrument, maar, anders dan in het werk van Mies van der Rohe, niet via het materiaal of de basisprincipes. De technologie wordt latent, het gebouw een instrument als al het andere dat in de technologie is opgenomen, en de ervaring die men heeft is er een van beheersing via ruimte. Het is een houding die men ook vandaag nog vindt,

Fig. 4.5 Nederlandse Ambassade in Berlijn, OMA Rem Koolhaas
foto: © Christian Richters

in het werk van Rem Koolhaas of Herzog & de Meuron (Koolhaas, 2004).

Later in zijn loopbaan formaliseerde Le Corbusier deze relatie in een ordeningsprincipe: de Modulor (Le Corbusier, 1944). Via deze geabstraheerde menselijke vorm meende Le Corbusier een manier te kunnen ontwikkelen om het menselijk lichaam via het medium architectuur te verbinden met de uitgestrektheid van het landschap. De spiraalsgewijs oplopende proporties van deze geïdealiseerde mens moesten een set geometrische basisprincipes opleveren die intrinsiek waren aan het universum zoals wij dat ervaren en zoals we zelf in elkaar zitten. De Modulor was het meest systematische onderdeel van Le Corbusiers late architectuur en ook het meest mystieke. Hier kwamen zijn streven om een architectuur te creëren die paste bij de manier waarop het lichaam een ruimte gebruikt (zoals bij het fenêtre en longueur), en zijn droom de mens als een held te plaatsen in een landschap dat door het modernisme zou worden heroverd en tot een nieuw Arcadië gemaakt, bij elkaar. Met de Modulor kreeg de vrije ruimte onder en boven het gebouw een hoofdbewoner, een nieuwe Adam. In het beeld van de geopende hand in Chandighar kreeg hij zijn symbool (Moos, 1979). En zelfs zonder alle implicaties die eraan vast zitten, is de Modulor zelf een van de meest duurzame onderdelen van Le Corbusiers erfgoed gebleken. Het speelde bijvoorbeeld een sleutelrol bij gebouwen als de Yale School of Art and Architecture, het meesterwerk van Paul Rudolph uit 1962, waar de hierboven genoemde studentendebatten plaatsvonden.[13]

Dit waren de basiselementen die Le Corbusier zelf onderwees en die naar zijn mening uit zijn werk geabstraheerd konden worden, maar de vormen en formele ordeningen die hij in zijn gebouwen voor specifieke situaties ontwikkelde, beïnvloeden de ontwerpers van nu nog evenzeer. Boven alles is er het feit dat Le Corbusier meer dan welke architect ook in staat was de Beaux-Arts traditie van een in essentie monumentale architectuur te vertalen in een nieuwe vorm. Hij verloor weliswaar de prijsvraag voor het hoofdkantoor van de Volkenbond in 1927 en was slechts lid van het team dat na de Tweede Wereldoorlog het hoofdkantoor van de Verenigde Naties ontwierp, maar in beide projecten liet hij duidelijk zijn opvatting doorklinken dat de hoogste architectuur moest worden ingezet om de centrale instituties van de staat vorm te geven, en wel zo dat de waarden en de macht ervan duidelijk tot uiting kwamen. Hij liet bovendien zien dat deze gedachte kon worden doorgetrokken naar een nieuw tijdperk van postnationale machtscentra (Moos, 1979, pp. 245-251).[14] Dat deed hij door uit te gaan van de essentiële leerstellingen van de Beaux-Arts over het gebruik van modulaire geometrische vormen, en die te combineren met een ordening die was toegespitst op een cen-

Fig. 4.6 Stedenbouwkundig plan voor Algiers 1930, Le Corbusier
beeld: © Foundation Le Corbusier Parijs

trale ceremoniële ruimte met daaromheen andere gemeenschappelijke voorzieningen. Alle andere ruimte diende ter ondersteuning of werd als circulatie-element gereserveerd. Zo ontstond een losse collage waarin de essentiële principes toch behouden bleven.

In plaats van gesloten, stenen blokken met gepleisterde binnenwanden stelde Le Corbusier betonskeletstructuren voor, onderbroken door gemodelleerde elementen (meestal afgeleid van zuivere geometrische vormen, zoals ovalen of waaiers) die soms ook vanonder de omsluiting van het hoofdgebouw tevoorschijn kwamen. Zo kreeg het bureaucratische en machineachtige karakter van bedrijven of overheidsinstanties een afspiegeling in een rationeel systeem, terwijl de formele elementen, die een gebaar naar het publiek maakten of het samenbrachten ook een nieuwe, zij het nogal abstracte identiteit aannamen. In de jaren '50 en '60 van de 20e eeuw werd dit type ontwerp overal ter wereld gangbaar voor overheidsgebouwen. Zelfs nu nog gaat dezelfde fundamentele ordeningsvorm schuil achter vrijwel elk grootschalig bedrijfs- of overheidsgebouw, ook al heeft gewapend beton als materiaal plaatsgemaakt voor andere, lichtere bouwvormen. Het is de standaardmethode voor architecten geworden, al vervormen en veranderen ze hun ontwerpen zodat de wortels ervan nog amper te herkennen zijn. Voor voorbeelden hoef je maar te kijken naar uiteenlopende gebouwen als Thom Mayne's hoofdkantoor van de Los Angeles Transit Authority[15] of het door Sauerbruch & Hutton ontworpen ministerie van Milieu in Dessau.

Binnen deze collage bestond de erfenis die Le Corbusier aan architecten naliet uit de vrije relatie tussen structuur, vorm en circulatie. Deze sprak erg tot de verbeelding van de architecten van de jaren '70 en '80, die hadden geconstateerd dat ze hun modernistische erfgoed niet langer in al zijn naaktheid konden presenteren. Dat konden ze niet omdat het Corbusiaanse model een cliché was geworden, en wel een cliché dat direct werd geassocieerd met een bureaucratie die in de ogen van velen haaks stond op een menselijke en menslievende samenleving. Dus keerden de architecten terug naar de basiselementen en grepen terug op de rasterwerken van kolommen, de gearticuleerde structuur, en de circulatielijnen die uitkwamen in de collectieve voorzieningen. In het werk van iemand als Richard Meier werden dit de allesoverheersende elementen in een architectuur die hij verder zo neutraal mogelijk probeerde te maken door alles altijd met dezelfde, precies even grote emaillen panelen te bekleden.[16]

Tot op de huidige dag blijven deze ordeningsprincipes zeer populair en worden op architectuuropleidingen onderwezen als onderdeel van de canon aan de hand waarvan het vakgebied immers wordt geacht te opereren. Ze spelen een rol in elk gebouw dat Rem Koolhaas ontwerpt, zij het wel vervormd en in spiraalvormige structuren binnenstebuiten gekeerd, zoals in de Nederlandse ambassade in Berlijn (2004) of in stukken gebroken, zoals in het McCormick Student Center in Chicago (2003). Ze zijn zichtbaar in het werk van Britse 'High Tech Lords' als Norman Foster en Richard Rogers. Men kan ze zelfs zien in de bollende lijnen van Frank Gehry's gebouwen, die opgebouwd zijn rond heldere structurele rasters doorsneden door excentrische elementen die zijn verbonden met onverhulde circulatiepatronen.

Buiten dit soort onderliggende principes heeft Le Corbusier natuurlijk ook een hele reeks afzonderlijke elementen nagelaten die nog altijd worden gekopieerd. Niet alleen de 'vijf punten' en de modulaire man zijn populair, maar ook de split-level die hij in zijn vroege atelierontwerpen ontwikkelde; de gekromde muren die een spel aangaan met de ronde kolommen; het *brise soleil* zonweringssysteem; de overkragende porte cochère die met de jaren steeds meer een waaiervorm kreeg; de 'lichtkanonnen' van het klooster in La Tourette; en zelfs hele gebouwvormen, zoals die van de kapel van Notre Dame du Haute in Ronchamps. Toch zijn dit bijna incidenten, of spitsvondigheden, opgepikt van een meester door bewonderende studenten van alle generaties. Het zijn de meer fundamentele principes die een diepgaander en blijvende invloed hebben. Elke hedendaagse architect die in kritische of vernieuwende zin wil bijdragen aan het vakgebied is in meer of mindere mate een volgeling van Le Corbusier. De 'Corbubril' waar zo velen door kijken, is, net als de pianocurves, slechts een indicatie voor de gedachte dat het de plicht en het recht is van iedere architect met vormen van licht te spelen, technologisch gefundeerde vormen te creëren die zijn onderworpen aan de menselijke maat en het menselijke beschikkingsrecht, autonome, sculpturale gebouwen te maken die bemiddelen tussen het zelf en het landschap, en erin te geloven dat je ontwerpen de bouwstenen zijn voor een nieuw soort Utopia, een herbouwd Rome of een heroverd Eden. Dat is het ideaal dat we op school onderwezen krijgen en dat we blijven uitdragen. Dat is, ten goede of ten kwade, wat Le Corbusier ons heeft nagelaten.

Men kan hier nog slechts een algemene, en ogenschijnlijk tegenstrijdige houding aan toevoegen: terwijl wij Le Corbusier zien als een heroïsche maker van monumentale, in het landschap geplaatste gebouwen, liet hij gedurende zijn hele loopbaan zijn gebouwen boven de grond zweven; hij verwijderde hun ceremoniële onderdelen en maakte die tot abstracte fragmenten, hij benadrukte het vrije golven van een herwonnen natuurlandschap en in zijn latere leven stopte hij zijn gebouwen soms zelfs onder de grond.[17] In zijn grootsere en meer visionaire stedenbouwkundige plannen, zoals het Plan Obus voor Algiers, liet hij het gebouw zelfs verdwijnen in een combinatie van infrastructuur en opnieuw vormgegeven landschap (Moos, 1979, pp. 201 e.v.).[18] Al zijn bravoure als vormenschepper ten spijt, heeft Le Corbusier ons ook het idee nagelaten dat gebouwen slechts moeten worden opgevat als het spel van enkele vormen van licht, bevrijd door een rationele structuur en geplaatst in een natuurlijk landschap. De romantische visie die via dit oeuvre het duidelijkst tot mij spreekt, is de droom dat de technologie de moderne stad en misschien de moderne realiteit zal laten verdwijnen, en dat we Eden zullen hervinden en vrij zullen zijn om, als modulaire mannen en vrouwen door het paradijs te zwerven. In deze visie is architectuur een verzameling fragmenten, ongeveer zoals Le Corbusier die tekende in zijn reisschetsen en schilderde in zijn schilderijen.[19] De collage laat in deze visie de realiteit oplossen tot een natuur die onder controle staat van de menselijke blik en de menselijke hand.

Men kan zich afvragen welke relevantie een dergelijke visie vandaag nog heeft. In het besef dat deze sterk lijkt op Mies van der Rohes droom van een

Fig. 4.7 Schets van stad met 3 miljoen inwoners 1922, Le Corbusier
beeld: © Foundation Le Corbusier Parijs

oplossende architectuur, krijg je toch het idee dat wat wordt weerspiegeld in het glas van zijn minimalistische bouwwerken niet de natuur is, maar de opwindende verwarring van het moderne leven. Wat aantrekkelijk blijft aan de nalatenschap van Le Corbusier zijn nu juist de visionaire en romantische aspecten ervan. Daarom pakt het ook vaak rampzalig uit als overijverige studenten proberen zijn vormen of recepten te kopiëren. We hebben geen behoefte aan nog meer Le Corbusier-plannen, niet voor rijkeluishuizen en ook niet voor de banlieue van Parijs of voor Beijing. Waar we wellicht wel behoefte aan hebben, is zijn opvatting dat architecten uit zorgvuldig gemodelleerde vormen collages met onbestemde afloop zouden moeten maken, zodat we in alle vrijheid een nieuwe relatie tot stand kunnen brengen met onszelf, onze medemensen en onze fysieke wereld. Als iemand kan uitpuzzelen hoe die visie voortgezet en gerealiseerd kan worden, dan zal Le Corbusier niet alleen de maker van een aantal gebouwen van spectaculaire schoonheid zijn geweest, maar ook de essentiële figuur in de modernistische cultuur blijken te zijn waarvoor velen van ons hem houden.

NOTEN:

1 Voor de meest uitvoerige evaluatie van Stirlings relatie met Le Corbusier (en andere belangrijke invloeden op zijn werk), zie Mark Girouard, Big Jim: The Life and Works of James Stirling (Londen: Chatto and Windus, 1998).
2 Vanwege zijn vurige pleidooi voor het geheugen en voor de traditionele stad lijkt Rossi op het eerste gezicht bepaald geen architect die in de traditie van Le Corbusier werkt, maar in zijn gevoelige ontwerpen, met hun sterke nadruk op abstracte geometrische vormen en hun collageachtige ontleding van klassieke plattegronden, is de invloed duidelijk zichtbaar.
3 Le Corbusier, Vers une Architecture (Parijs: 1923). Le Corbusier zag in Rome de basis voor een architectuur waarin 'het licht op zuivere vormen speelt, en ze met rente terugbetaalt [a] Afwezigheid van breedsprakigheid, een goede rangschikking, één enkel idee, durf en eenheid in constructie, gebruik van elementaire vormen. Een gezonde moraal'. Maar misschien waren het niet zozeer deze woorden als wel de kleine tekening die hij eronder maakte van een cilinder, een piramide, een kubus, een rechthoekig blok en een bol, zwevend boven een collage van de monumenten van Rome, als om te laten zien dat uit deze bouwstenen alle architectuur kon worden gemaakt. Op.cit., pp. 146-147.
4 De verwijzing hier is naar Friedrich Nietzsches gebruik van deze term in zijn Die Geburt der Tragödie, al is het inmiddels een trope in de moderne kunstgeschiedenis. Friedrich Nietzsche, De geboorte van de tragedie; vert. [uit het Duits], geann. en van een naw. voorz. door Hans Driessen (Amsterdam, Arbeiderspers, z.j.).(oorspr. ed. 1877)
5 Le Corbusier somde de vijf punten voor het eerst op in een in 1927 gepubliceerd pamflet. Cf. Stanislaus von Moos, Le Corbusier: Elements of a Synthesis (Cambridge, MA: The MIT Press, 1979), p. 70.
6 Als weekendhuis was de Villa Savoye het eindpunt van een autorit, maar Le Corbusier had zijn liefde voor auto's en voor vervoer in het algemeen al getoond in Vers une Architecture, op.cit. 'Des yeux qui ne voient pas', en door het Maison Citrohan te ontwerpen als hommage aan de automobiel.
7 Al had Le Corbusier niet veel directe navolgers, daktuinen zijn met het schaarser worden van de stedelijke ruimte en het voortschrijden van de technologie wel heel populair geworden. Voor een recent onderzoek, zie Theodore Osmundson, Roof Gardens: History, Design and Construction (W.W. Norton & Co, 1997)
8 Ik heb dit genre gebouwen geschetst in mijn Landscrapers: Building with the Land (London: Thames & Hudson, 2002).
9 Deze denkrichting werd vooral omarmd door de volgelingen van Charles Moore in de Verenigde Staten. Zie Kent C. Bloomer, Charles Moore, Body, Memory, Architecture (New Haven: Yale University Press, 1977). De wortels ervan gaan terug op wetenschappelijke interpretaties van de architectuurgeschiedenis, zoals Geoffrey Scotts invloedrijke The Architecture of Humanism: A Study in the History of Taste (W.W. Norton & Co., 1997 (1947))
10 De meest uitgesproken criticus op dit terrein was Beatriz Colomina. Zie haar 'The Split Wall: Domestic Voyeurism', in Beatriz Colomina, red., Sexuality and Space (New York: Princeton Architectural Press, 1992), pp. 72-128. De meest uitgesproken criticus op dit terrein was Beatriz Colomina. Zie haar 'The Split Wall: Domestic Voyeurism,' in Beatriz Colomina, red., Sexuality and Space (New York: Princeton Architectural Press, 1992), pp. 72-128.

11 George Hersey heeft over meerdere periodes onderzoek gedaan naar de de fascinatie van architecten voor geometrie en de zuivere vorm en naar de merkwaardige mengeling van wetenschappelijke en mystieke wortels die daaraan ten grondslag liggen. Zie vooral zijn Architecture and Geometry in the Age of the Baroque (Chicago: University of Chicago Press, 2002) en The Monumental Impulse: Architecture's Biological Roots (Cambridge, MA: The MIT Press, 2001).

12 Le Corbusier heeft zelfs een boek over vliegtuigen gepubliceerd: Aircraft, L'Avion Accuse, vert. door Anna Foppiano (Milan: Editrice Abitare Segesta, 1996 (1935).

13 Als ontwerpinstrument is de Modulor echter niet erg nuttig gebleken. Tegenwoordig bestaat hij meer als symbool en als gadget; zo staat hij op het Zwitserse tien frankbiljet en wordt hij als meetlint verkocht in museumwinkels. Ik ken geen enkele architect die probeert de in Le Modulor uiteengezette voorschriften te volgen.

14 Voor een recente bespreking van het VN-gebouw en zijn voorgangers, zie mijn *The UN Building* (Londen: Thames & Hudson, 2006).

15 Men vindt dit soort ordeningsvormen ook bij de meeste van zijn belangrijke gebouwen. Zie Thom Mayne, Morphosis Volume IV (New York: Rizzoli International Publications, 2006).

16 Richard Meier's werk is gepubliceerd in vier grote monografieën, waarvan de meest recente dateert uit 2003 (Rizzoli International Publishers, New York). De consistentie (of onveranderlijkheid) van de gehanteerde formele methoden is verbijsterend.

17 Voor een interessante interpretatie van de plaats van de natuur en het landschap in Le Corbusiers werk, zie: Sarah Menin, Flora Manuel, Nature and Space: Aalto and Le Corbusier (Londen: Routledge Publishers, 2002).

18 Manfredo Tafuri zag het Plan Obus als het eindpunt van Le Corbusiers utopisch denken, een eindpunt waarna architectuur als technocratisch opgelegde discipline, althans binnen de context van de westerse wereld niet langer mogelijk was. Manfredo Tafuri, *Ontwerp en Utopie. Architectuur en de ontwikkeling van het kapitalisme*; vert. door Umberto S. Barbieri, Cees Boekraad, Frans Denissen en Kees Vollemans (Nijmegen: SUN, 1978).

19 Er is momenteel geen catalogus verkrijgbaar van Le Corbusiers schilderijen, al duiken zijn tekeningen, collages, schetsen en olieverfschetsen op in verschillende boeken en catalogi. De meest complete collectie, bijeengebracht door Minoru Mori, is in het bezit van Mori Corporation in Tokio. Er is een catalogus van een tentoonstelling van de schilderijen bij Xavier Fourcade uit Parijs in 1984, en een uit 1987 in het Centre Le Corbusier, georganiseerd door Heidi Weber; geen van beide catalogi zijn momenteel verkrijgbaar.

BRONNEN:

- Betsky, A. Landscrapers: Building with the Land, London: Thames & Hudson, 2002
- Betsky, A. The UN Building, Londen: Thames & Hudson, 2006
- Colomina, B., 'The Split Wall: Domestic Voyeurism,' in Beatriz Colomina, red., Sexuality and Space, New York, Princeton Architectural Press, 1992
- Eisenman, P. et. al., Five Architects Peter Eisenman Michael Graves Charles Gwathmey John Hejduk Richard Meier, New York, Oxford Uninversity Press, 1975
- Gill, B., Many Masks: A Life of Frank Lloyd Wright, New York, G.P. Putnam's Sons, 1987
- Girouard, M., Big Jim: The Life and Works of James Stirling, Londen, Chatto and Windus, 1998
- Le Corbusier, Aircraft, L'Avion Accuse, Milan, Editrice Abitare Segesta, 1996 (1935)
- Koolhaas, R., red., Wat Is OMA: de betekenis van Rem Koolhaas en the Office for Metropolitan Architecture, Rotterdam: NAi Uitgevers, 2004
- Le Corbusier, Essai sur une mesure harmonique à l'echelle humaine applicable universellement à l'architecture et à la mécanique., Boulogne, Editions de l'architecture d'aujourd'hui, 1950 (1942)
- Mayne, T., Morphosis Volume IV, New York, Rizzoli International Publications, 2006
- Sauerbruch, M., Hutton, L., Sauerbruch Hutton Archive, München, Lars Muller Verlag, 2006
- Menin, S., Manuel, F., Nature and Space: Aalto and Le Corbusier, Londen, Routledge Publishers, 2002
- Moos, S. Von, Le Corbusier: Elements of a Synthesis, Cambridge, The MIT Press, 1979
- Osmundson, T., Roof Gardens: History, Design and Construction, W.W. Norton & Co, 1997
- Rossi, A., Il Libro Azzurro, I Miei Progretti, Zürich, Edition Jamileh Weber, 1983
- Le Corbusier, Vers une Architecture, Parijs, 1923
- Tafuri, M., Ontwerp en Utopie. Architectuur en de ontwikkeling van het kapitalisme,, Nijmegen: SUN, 1978

Essay 05

Nederland is maakbaar. Ruimtelijke ordening in een democratisch bestel

Dirk H. Frieling

ARCHITECTUURBULLETIN N° 03|2007

Dirk Frieling (NL, 1937) heeft als stedenbouwkundige onder meer aan de wieg gestaan van Almere en was van 1990 tot 2003 hoogleraar stedenbouwkundig ontwerpen aan de TU Delft. Hij toont zich, zoals gedurende zijn carrière, een warm pleitbezorger van een verandering van bestuurlijke processen als belangrijkste middel om de ruimtelijke ordening op regionale schaal te versterken, onder meer met zijn betrokkenheid bij de Verenging Deltametropool en via Het Metropolitane Debat. Dit essay is een bewerking van een lezing in het kader van de reeks architect@nai.

Het democratisch dilemma

Nederland is maakbaar. Wie dat beseft, behoudt zijn gemoedsrust als er eens iets kapot gaat. In 1926 stond het water in de grote rivieren net zo hoog als in 1995, alleen in 1926 braken de dijken wel door.

Nederland is maakbaar. De gevolgen zijn voor iedereen dagelijks zichtbaar. Het Hollandse landschap lijkt meer en meer op een slecht beheerd opslagterrein van losse stadsonderdelen. De ruimtelijke structuur ervan is die van een democratisch gemakslandschap. De voortgaande stroom van incidentele bouwinitiatieven wordt bestuurlijk langs de weg van de minste weerstand geaccommodeerd.

Nederland is maakbaar is ook de strekking van het recente advies over het architectuurbeleid van de vier rijksadviseurs ter zake: 'Planologie is onze cultuur.' 'En', schrijven zij, 'focus niet op de gebouwde werkelijkheid alleen (de habitat), maar ook op de maatschappelijke attitude (de habitus)'. De wisselwerking tussen beide is de kern van de zaak: *het democratisch dilemma*. Democratie is een rommelige bestuursvorm, omdat het bestuur het graag iedereen naar de zin maakt. Zo ontstaat ook een rommelig landschap. De vraag is dan: is daar wat aan te doen?

Met die habitus van Nederlanders is de laatste jaren van alles aan de hand. Maatschappelijk ongenoegen gaat gepaard aan toenemende agressie. Wij leven in een samenleving waarin treinconducteurs, schoolmeesters, artsen en ambulancepersoneel 'een klap op hun bek kunnen krijgen' als ze gewoon hun werk doen. We zijn als Nederlanders 'balorig en kwaadsappig' geworden, schrijft Abram de Swaan in de Volkskrant en hij verklaart dat uit de teloorgang van autoriteit. Eerst was het de kerk. Toen de politieke partijen. Weg met de grote verhalen. Alles in naam van de persoonlijke vrijheid en de vrijheid van meningsuiting. De moeilijkheid, zegt De Swaan, is dat mensen nu over alles zelf een oordeel moet vellen. Dat leidt tot onzekerheid. De veelheid van opinies is op zichzelf weer aanleiding tot nieuwe twijfels. Grote verhalen zijn in ongenade geraakt. Maar een constante stroom van kleine verhalen zorgt maatschappelijk voor gebrek aan houvast.

De analyse van de Amsterdamse hoogleraar James Kennedy is dat bij ons de behoefte aan consensus zó diep zit, dat wij nu eens allemaal de ene kant ophollen, om na verloop van tijd, min of meer plotseling, allemaal een andere richting in te slaan. Onderdrukken van afwijkende meningen en zelfcensuur tijdens de periode van consensus, bouwt spanning op tegen de dan overheersende opinie. Komt deze tot ontlading, dan gaat de goegemeente, verzadigd van latent ongenoegen, snel om. De behoefte aan consensus zorgt er dan opnieuw voor dat de nieuwe lijn weer snel door iedereen wordt gevolgd. Kennedy stelt deze consensuscultuur tegenover die van een samenleving, waarin verschillen in maatschappijvisie als duurzame politieke tegenstellingen worden erkend en dus onderwerp vormen van doorlopend debat. Ik voeg daar aan toe, dat deze behoefte aan consensus misschien een tamelijk nieuw verschijnsel is. Immers, als gezaghebbende stemmen er het zwijgen toe doen, biedt de algemene opinie nog het enige houvast voor mensen, die niet tot een eigen oordeel kunnen komen.

Ook onze volksvertegenwoordigers zijn onzeker geworden. Een postmoderne partij is wars van grote verhalen en ideologie. Dat biedt alvast weinig houvast. Het aantal mensen dat lid is van een politieke partij is danig geslonken, dus namens wie spreken zij eigenlijk? Uit onderzoek blijkt, dat de zogenaamde zwevende kiezer in de praktijk juist een selectieve kiezer is, die meer dan voorheen stemt op grond van prestaties in plaats van partijtrouw. Maar deze selectieve kiezers baren wel degelijk zwevende gekozenen. Deze kunnen nog alleen via de media met hun kiezers in contact komen en stellen dus vragen aan het kabinet over misstanden, waarover de media de dag daarvoor hebben bericht.

Om de band tussen boze burgers en bange bestuurders te herstellen is vorig jaar een zogenaamde Nationale Conventie aan het werk gezet. Nu komen Nationale Conventies bijeen in revolutionaire situaties, waarin de leiders van de opstand staatkundig de bakens verzetten. Maar deze conventie bestond geheel uit in onze consensusmaatschappij doorknede rechtsgeleerden onder leiding van een gezags-

Fig. 5.1 Het Leven geïllustreerd, 6 januari 1926

getrouw lid van de Raad van State. Deze kondigde al op voorhand aan zeker geen opzienbarende voorstellen te zullen doen. Het rapport is vorige week verschenen en hij heeft woord gehouden.

De Hollandse deltametropool

Het democratische dilemma laat zich aan de hand van concrete voorbeelden demonstreren. Ik beperk me hier tot waterhuishouding en waterstaat. Klimaatverandering en zeespiegelrijzing zijn inmiddels vertrouwde begrippen. Er is een nationaal bestuursakkoord water, een Europese Kaderrichtlijn en in het land worden per stroomgebied plannen gemaakt. Bestemmingsplannen moeten voldoen aan een watertoets: steden mogen hun overtollig water niet meer lozen op het landelijk gebied. Dit betekent dat de hoeveelheid oppervlaktewater in de steden grosso modo moet verdubbelen. Kortom: Nederland leeft met water.

Dat geldt voor een groot deel van de kustgebieden in Noordwest-Europa. Ook Londen en Sint Petersburg hebben hun stormvloedkeringen. Sommige mensen maken zich zorgen, dat Antwerpen er nog geen heeft. Een eventuele zeespiegelrijzing heeft dus gevolgen voor heel Noordwest-Europa. Tot nog toe blijkt de zeespiegel niet sneller te stijgen dan in de afgelopen eeuwen het geval is geweest. Maar in eerdere interglaciale perioden is het wel warmer op aarde geweest dan nu, dus wat niet is, kan komen.

Eén van de nuttige zaken, die dankzij de ramp van 1953 goed is geregeld, is dat Nederland is ingedeeld in dijkringen met gebiedsspecifieke kansen op overstroming. De verschillen zijn gebaseerd op de verschillen in bevolkingsomvang en in materiële schade, die bij overstroming zou ontstaan. Die normen dateren van midden jaren '50. Inmiddels zijn er in Nederland nog een paar miljoen mensen bijgekomen en is er ook stevig bijgebouwd. Waterhuishoudkundig zijn na de oorlog bovendien alle remmen losgegooid. Die nieuwe bebouwing is zo grotendeels in diepe polders terechtgekomen. De Alexanderpolder en de Haarlemmermeer zijn oude voorbeelden. Almere en de Zuidplaspolder nieuwe. Er is dus aanleiding om bijvoorbeeld nog eens even naar die dijkring 14 te kijken met de vraag of zo'n enkele dijk nog wel voldoende veiligheid biedt. Risico is kans x schade. Ook als de kans niet geheel uit te sluiten is, kan de schade wel beperkt worden. Bijvoorbeeld door een tweede dijkring aan te leggen of door het gebied te compartimenteren, zodat bij dijkdoorbraak niet alles onderloopt.

Hoe moet men in een democratisch bestel hier nu over beslissen? Mensen zouden alleen in actie komen bij gevaar en dus moeten ze bang gemaakt worden. 'Geef ons heden ons dagelijks brood en af en toe een watersnood,' zo bidden de waterschappen. Klimaatverandering en zeespiegelrijzing lijken heel geschikt om die angst te voeden. Maar de prognoses blijken onzeker. Net lijkt er internationale consensus te bestaan over excessieve klimaatveranderingen en dan tonen onderzoekers weer aan dat het in de middeleeuwen veel warmer was dan nu. Ondertussen gaan de temperaturen wel degelijk omhoog. De gletsjers in Zwitserland smelten, de Rijn wordt een regenrivier, met lage zomerafvoeren en in het natte seizoen worden meer stortbuien verwacht. In 2000 wordt het extra wateroppervlak voor winterberging en zomerberging berekend op 40.000 ha. Een jaar later is dat 70.000 ha. Nu is het weer 20.000 ha. Uit de waterschappen komen signalen dat misschien 10.000 ha al voldoende is. Nog een paar pompen erbij en het hele systeem kan weer járen mee. Een recente 'droogtestudie' van Rijkswaterstaat constateert dat seizoenberging voor droge zomers zeer veel kostbaarder is dan het accepteren van incidentele schade. Hoe moeten bestuurders nu met dit soort snelle veranderingen in opvattingen van deskundigen omgaan?

Rijkswaterstaat heeft een handreiking gedaan aan onzekere bestuurders door de Nieuwe Kaart van Nederland te toetsen aan de waterhuishoudkundige kenmerken van het westen van Nederland. Getoetst aan respectievelijk de hoogteligging (liever gezegd: de diepteligging), extra ruimte voor waterbeheer en verdere bodemdaling ontstaat een beeld van de watervraagstukken waar plannen voor nieuwe stedelijke bebouwing mee worden geconfronteerd. De les uit deze kaartreeks is dat níet een onzekere toekomst, maar de nuchtere feiten van het heden moeten leiden tot bezinning, hoe het lage deel van Nederland ruimtelijk wordt ingericht. Welke omslag in de habitus van burgerij en bestuur daarvoor nodig is, maakt de Nieuwe Kaart van Nederland volstrekt duidelijk. Het lijkt wel of in alle gebieden waar grote verstedelijkingsopgaven spelen overal diepteligging, aard van de ondergrond en waterbeheer bijzondere eisen stellen. Tot en met de vierde nota is water geen onderwerp in de ruimtelijke ordening, ook al hebben we dan al drie nota's waterhuishouding achter de rug. Het begrip Deltametropool, dat daarna wordt gelanceerd, helpt om dit onderwerp ook in de ruimtelijke ordening op de agenda te krijgen. Maar van doorwerken in het verstedelijkingsbeleid lijkt nog niet echt sprake.

Ruimtelijke ordening in Nederland

Ruimtelijke planning op een hoger schaalniveau dan dat van lokale overheden is in Nederland vóór de Tweede Wereldoorlog ongebruikelijk. Het wordt hier tijdens de oorlog door Duitsland geïntroduceerd. Van een nationaal plan wil dan ook niemand na de oorlog meer horen. Toch verschijnt er in 1960 een eerste nota ruimtelijke ordening. En latere nota's worden meer en meer pseudonationale plannen.
Planmakers geloven dat zij boven de partijen staan, maar die nota's zijn gewoon politieke stukken. De Partij van de Arbeid heeft zijn belangrijkste draagvlak in steden; de VVD in het westen van het land; het CDA is overal elders de grootste partij. Het ruimtelijk beleid van de drie mogelijke coalities is dan ook voorspelbaar. CDA/PvdA kiest voor nationale spreiding en regionale concentratie. CDA/VVD kiest voor juist het tegenovergestelde, economische concentratie in het westen en regionale spreiding van het wonen. Een paarse coalitie kiest voor nationale én regionale concentratie. En omdat coalities maximaal acht jaar standhouden, is de praktijk nationale én regionale spreiding. Daarom hebben nationale nota's over ruimtelijke ordening ook weinig zin.
De politieke hoofdstromen in Nederland zijn duurzamer dan de wisselende coalities, waarin zij regeren. Die constatering is begin jaren '80 van de vorige eeuw aanleiding voor de Wetenschappelijke Raad voor het Regeringsbeleid om zogeheten 'beleidsgerichte toekomstverkenningen' uit te voeren. De stichting Nederland Nu Als Ontwerp werkte in dezelfde geest vier ontwerpen voor Nederland in 2050 uit.
Tien jaar later verschijnt, als opmaat naar de vijfde nota, een discussienota Nederland in 2030. Nu zijn het de visies van de landinrichtende departementen die de scenario's bepalen: Stedenland (VROM), Stromenland (V&W), Parklandschap (LNV) en Palet (Gemeenteland, BZK).

Grondslagen van de burgermaatschappij

Om beter zicht te krijgen op de wisselwerking tussen ruimtelijke verkenningen en politieke besluitvorming moeten we ook naar het democratisch bestel kijken. De basis van de westerse burgermaatschappij is verwoord in de bekende slagzin: Vrijheid. Gelijkheid. Broederschap. Vrijheid van vereniging. Gelijkheid voor de wet. Broederschap in zaken van algemeen belang, van publieke werken tot openbare gezondheidszorg. Binnen het Nederlandse politieke bestel worden deze drie democratische idealen bevorderd door respectievelijk VVD, PvdA en CDA.

Ik heb eens een oude Franse dame mogen interviewen, die een paar kleine kamers in een groot kasteel bewoonde aan de monding van de Seine, hoog boven Le Havre. Een van mijn vragen was wat voor haar vrijheid, gelijkheid en broederschap betekende. Zonder aarzelen zei ze: dat zijn de drie christelijke basiswaarden. Toen ik zei, dat ik dat kon begrijpen voor gelijkheid en broederschap, maar niet voor vrijheid, keek ze me vriendelijk aan en zei: 'Als je ziet hoe wij mensen ons gedragen, dan is het toch duidelijk dat God ons helemaal vrij laat?'

Maatschappelijk gesproken is de kern van de burgermaatschappij de scheiding tussen kerk, staat en markt. In dit type maatschappij is cultuur het rijk van de vrijheid, sociale rechten het rijk van de gelijkheid en economische plichten het domein van de broederschap. De essentie van deze driedeling is dat het gaat om ongelijke maatschappelijke waarden, die niet tot elkaar zijn te herleiden. Er is dus geen natuurlijke rangorde en zeker geen heilige rangorde of hiërarchie. In dit democratisch bestel zijn het daarom de burgers zelf, die tussen de drie basiswaarden een dynamisch evenwicht moeten bewaren. Dat doen zij door in vrijheid, via verenigingen, belangen te stellen, of dat nu monumentenzorg of dierenbescherming is. Als gelijken stellen zij via politieke verkiezingen periodiek het evenwicht tussen de drie basiswaarden bij. En in onderling vertrouwen plegen zij transacties in het economisch leven, of dit nu arbeid en inkomen of producten en prijzen betreft. Geld geeft vorm aan dit onderling vertrouwen. Die waardeloze papiertjes en digitale bits, die wij uitwisselen, vertegenwoordigen voor ons een werkelijke waarde. Beurskoersen en wisselkoersen zijn de openbare registratie van de voortdurende veranderingen in dat vertrouwen.

De drie componenten van de burgermaatschappij zijn door de socioloog Max Weber verwerkt tot een sociale stratificatie, waarin status staat voor erkenning in het culturele domein, macht in het sociale domein en rijkdom in het economische domein. Waar de elites van deze drie domeinen van de burgermaatschappij tot overeenstemming komen heerst harmonie, waar dit niet lukt heerst wanorde. De keerzijde van de medaille van vrijheid, gelijkheid en broederschap, zo voeg ik daar hier aan toe, is respectievelijk angst voor de eigen verantwoordelijkheid die dit meebrengt, woede over ongemotiveerde verschillen in gelijke behandeling en als cynisme vermomd verdriet over vertrouwensbreuken. Een democratisch bestel moet ook de gelegenheid bieden om met deze emoties in de samenleving om te gaan.

Het democratisch bestel, zoals dat in West-Europa is ontwikkeld, bestaat uit de bekende 'trias politica' van de wetgevende, uitvoerende en rechterlijke macht. In dat model beslissen de gekozen volksvertegenwoordigers in theorie 'zonder last of ruggespraak'. De praktijk van de Nederlandse consensusdemocratie is geheel anders: er wordt net zo lang doorvergaderd tot met iedereen overeenstemming is bereikt. Omdat dit wel héél lang duurt, is het nuttig om ook de twee resterende varianten op hun merites te toetsen. Referendumdemocratie (wel last, maar geen ruggespraak) spant het democratische paard achter de wagen. Het referendabel maken van parlementaire beslissingen maakt volksvertegenwoordigers alleen maar

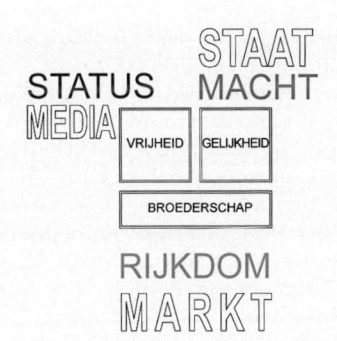

Fig. 5.2 Grondslagen van de burgermaatschappij
beeld: Jan Willen Kooijmans

nog onzekerder. Meer perspectief biedt consultatiedemocratie (wel ruggespraak, maar geen last), waarin de verschillende opties voorafgaande aan de beslissing als meerkeuzevragen aan de burgerij worden voorgelegd. De uitkomsten bieden de burgers inzicht in hun onderlinge meningsverschillen en het biedt volksvertegenwoordigers het inzicht in de actuele stemverhoudingen. Beide dragen bij aan verdieping van het parlementaire debat.

De burgermaatschappij steekt structureel stevig in elkaar, maar in de methode van democratisch beslissen zijn dus nog verschillende varianten mogelijk.

Burgerschap en landinrichting

Het wordt tijd aan dit verhaal enige conclusies te verbinden. Levert het ideeën op om aan de voortgaande verrommeling van het Hollandse landschap een einde te maken? Deze vraag wordt zeker niet voor het eerst gesteld en beperkt zich ook niet tot de ruimtelijke ordening van ons land. Het democratisch bestel is naar zijn aard permanent onderwerp van gesprek. Men zou kunnen zeggen dat de teloorgang van de politieke partijen als forum voor politieke discussie, de opkomst van 'one issue'- bewegingen, het door kijkcijfers gestuurde gedrag van de media en het propageren van een maatschappijvisie, waarin burgers niet meer dan klanten zijn van de overheid (en het openbaar bestuur dus ook niet meer dan een dienstverlenende instelling, een functie die ook door marktpartijen kan worden vervuld), in veel opzichten ook tot verrommeling van het democratisch bestel hebben geleid. Ideeën om de verrommeling van het Hollandse landschap te beteugelen gaan daarom gepaard met ideeën om de verrommeling van het democratisch bestel aan te pakken. Habitat en habitus moeten in wisselwerking worden bezien.

Eerst het goede nieuws. De nieuwe wet ruimtelijke ordening is een echte verbetering. De verschillende bestuurslagen moeten hun ruimtelijke opvattingen in regels vastleggen en niet langer in plannen. Voor projecten moeten wel plannen worden gemaakt. Maar alleen voor projecten die voor eigen rekening en risico worden uitgevoerd. Niet alleen gemeenten, maar ook provincies en het rijk kunnen nu projecten initiëren en deze zelf, via een speciale projectprocedure inclusief bestemmingsplan, uitvoeren en na jaren van discussie is er nu ook een tweede kogel door de kerk: de provincies krijgen een grotere operationele rol in de ruimtelijke ordening.

Het Groene Hart kan als voorbeeld dienen. De drie randstadprovincies hebben een eind gemaakt aan jarenlang onproductief overleg tussen tientallen betrokken bestuursorganen en belangengroepen. Een stuurgroep van vier gedeputeerden, met mevrouw Dwarshuis als voorzitter, heeft binnen een jaar een uitstekend ontwerp geproduceerd, geconcretiseerd in tien zogenaamde 'iconen' en nog wat kleinere projecten. De kosten zijn geraamd op ruim anderhalf miljard euro. In een eerste tranche stellen provincies en rijk de helft daarvan beschikbaar. Kortom, een 'succes story'.

Hoe tot een bestuursorgaan te komen dat dit megaproject ook in de uitvoering aankan? Het Groene Hart is 1700 km^2 groot en heeft 780.000 inwoners verdeeld over 42 gemeenten in drie provincies. De keuze is dan tussen blijvende herindeling en tijdelijke, uitvoeringsgerichte bestuursconstructies. Bij herindeling zijn er verschillende opties, zoals: een nieuwe provincie Groene Hart (eenheid van beleid), drie grote plattelandsgemeenten voor de Waarden, Venen en Plassen (professionele gemeentelijke diensten en onafhankelijker besturen), fusie van Groene Hart met provincie Utrecht (Utrecht een eigen rol in het samenspel van de drie randstadprovincies) of de hele randstad in één provincie (het waterrijke Groene Hart als internationaal beeldmerk van deze deltametropool). Een tijdelijke bestuursconstructie wordt op maat gesneden: een Reconstructiewet Midden-Holland als wettelijk voertuig voor een Groene Hart-projectorganisatie.

Welk kader biedt de burgermaatschappij zulk soort operaties te laten slagen en onze habitus voor doorrommelen te behoeden? Eerst moet het idee van burgers als 'klanten' van de overheid als fatale denkfout worden doorzien. De burger is geen consument van overheidsdiensten, maar producent van adequaat openbaar bestuur.

Burgers doen dat in het klassieke model van de burgermaatschappij door belasting te betalen aan het bestuur (en zo hun aandeel te nemen in de onderneming) en door te stemmen op vertegenwoordigers over de besteding van dat geld. Zij maken desgewenst deel uit van politieke partijen die hun maatschappelijke waarden belichamen en naar behoefte hun opinies via vrije media ventileren.

De kern van dit maatschappijmodel is het erkennen van duurzaam verschillende maatschappijvisies in de samenleving. Politieke partijen propageren deze, terwijl bestuurders als uitvoerende macht consensus moeten bereiken over concrete projecten. Daarom moeten niet bestuursorganen, maar politieke partijen perspectieven voor de lange termijn ontwikkelen. Deze dienen om projectvoorstellen van het bestuur te toetsen. Naarmate projecten in meer perspectieven passen, zijn ze maatschappelijk 'robuuster' en nemen risico's van verkeerde investeringen af.

De opgave wordt dan meer invloed van burgers op het ruimtelijk beleid in combinatie met sneller beter beslissen. Voorstellen van Rijkswaterstaat en een recent boek over democratie van Van Gunsteren bieden hier ideeën voor.

Rijkswaterstaat experimenteert al jaren met nieuwe vormen van samenwerking tussen besturen, ambtenaren, bedrijven en burgerij. De resultaten zijn onlangs gepubliceerd in

'Krachtenfusie in de inrichting van Nederland', onder redactie van Ad de Rooij. De belangrijkste boodschap is dat ontwerpen en beslissen moeten worden ontvlochten om creatieve inbreng van burgers en bedrijven mogelijk te maken. Agendeer de opgave en stel niet alleen bestuurlijk bepaalde en beperkte oplossingen ter discussie.

Herman van Gunsteren toont aan in zijn 'Vertrouwen in democratie' waarom democratie als proces ook leidt tot een beter product. De kwaliteit daarvan ligt hoger dan dat van een product dat langs een andere weg van beslissingen tot stand is gekomen. Die hogere kwaliteit berust op diversiteit, representatie, selectie, sturing en verantwoording achteraf. Juist deze diversiteit schept betere voorwaarden voor kwaliteit van het resultaat. Het beslissingsproces dat Rijkswaterstaat voorstelt, loopt daarmee opmerkelijk parallel.

Terug naar ruimtelijk ontwerpen en het 'hervinden van plezier in de maakbaarheid van

Fig. 5.3 Protestbord van Natuurmonumenten tegen de aanleg van snelweg A6–A9
Foto: Dirk Frieling

onze topografie', zoals de rijksadviseurs ons voorhouden. Volgens Vitruvius behoren ordening en evenwichtige verhoudingen tot de grondbeginselen van het bouwen. Zoals bij het menselijk lichaam de harmonie berust op het eigen karakter van en evenwichtige verhoudingen tussen de ledematen, zo geldt dat ook voor bouwwerken. Sinds Vitruvius tijdens de renaissance is herontdekt voegden in Europa de ontwerprasters van tuinen, landgoederen, landaanwinningen en steden zich naar zijn grondbeginselen. Na de revolutie van 1789 verving Frankrijk de wisselvalligheid van menselijke maten door de absolute grootheid van de meter, afgeleid van de omtrek van de aarde.

De Modulor van Le Corbusier is een heroïsche poging een maatreeks te ontwikkelen, die zich zowel in eenvoudige getallen van deze aardse maten laat uitdrukken als in die van menselijke maten, zoals in de Angelsaksische wereld gebruikt. Zo is de Modulor het dilemma van de architectuur in een notendop: hoe breng je de geometrie van de aarde in overeenstemming met de biometrie van de mensen?

Mijn conclusie is dat een meer fundamentele democratisering van de besluitvorming verdere verrommeling van het Hollandse landschap kan voorkomen. Op de burgers en hun habitus komt het dan aan. De maat van de mens en die van de aarde dienen als maatstaf voor hun habitat. Maar wat zijn de maatstaven voor hun habitus, hun positie in de wereld en hun vermogens om daarin hun houding te bepalen?

In de mensenmaatschappij nemen mensen vier posities in. Als mens zijn ze deel van de levende natuur en de opeenvolging van generaties. Als persoon maken ze deel uit van een samenleving (persona = masker). Als individu beschikken zij over bewustzijn, waarmee ze hun houding bepalen. Als burger dragen zij verantwoordelijkheid voor het functioneren van het openbaar bestuur.

Dankzij op de buitenwereld gerichte zintuigen houden wij ons staande in die buitenwereld. Om ook innerlijk ons evenwicht te bewaren, dienen de, wat men zou kunnen noemen, innerlijke zintuigen van het bewustzijn: willen, voelen, denken en eerbiedigen van het bestaan. Als wij als burgers de veelheid van onze rollen erkennen en deze volheid van onze vermogens benutten, komt het ook met die inrichting van ons land wel weer goed.

BRONNEN:
- Gunsteren, H.R. van, Vertrouwen in democratie. Over de principes van zelforganisatie, Amsterdam, Van Gennep, 2006
- Rooij, A. de, (red.) Krachtenfusie in de inrichting van Nederland, Diemen, Veen Magazines, (Reeks: Fysica van samenwerking), 2006
- Swaan, A. de, 'Nederland schommelt van balorig naar kwaadsappig' in: *De Volkrant* (Het Betoog), 25 februari 2006

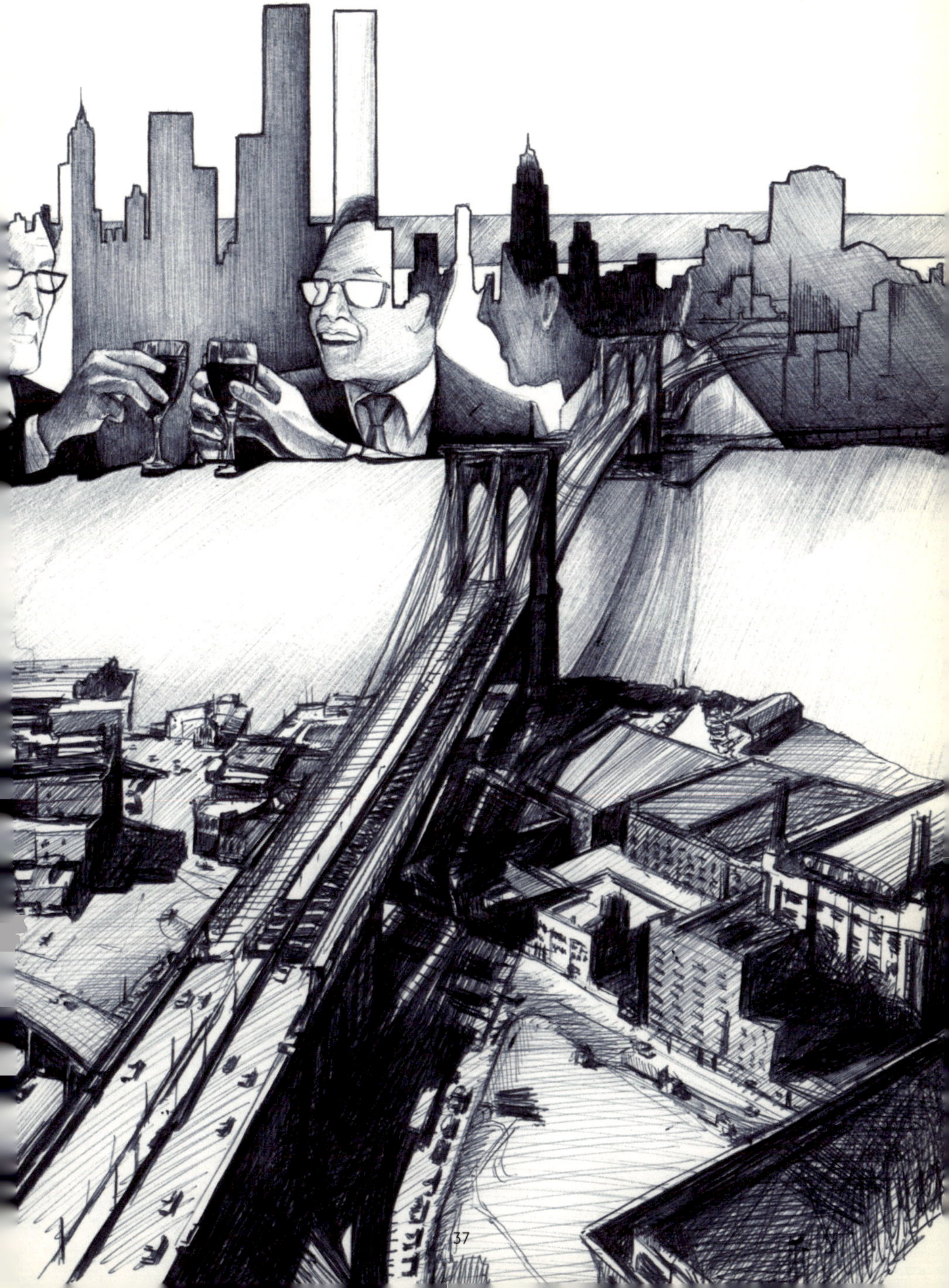

1038

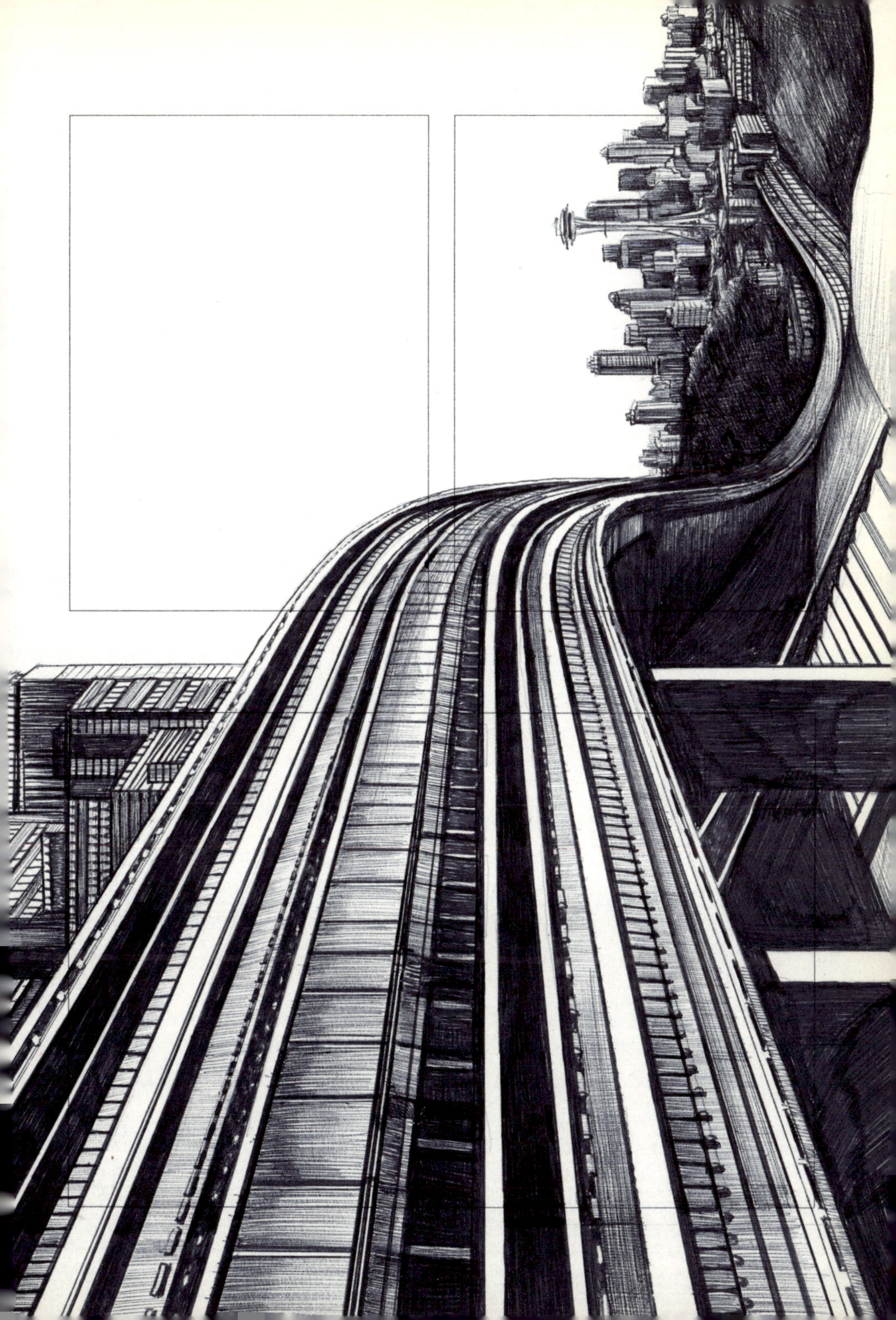

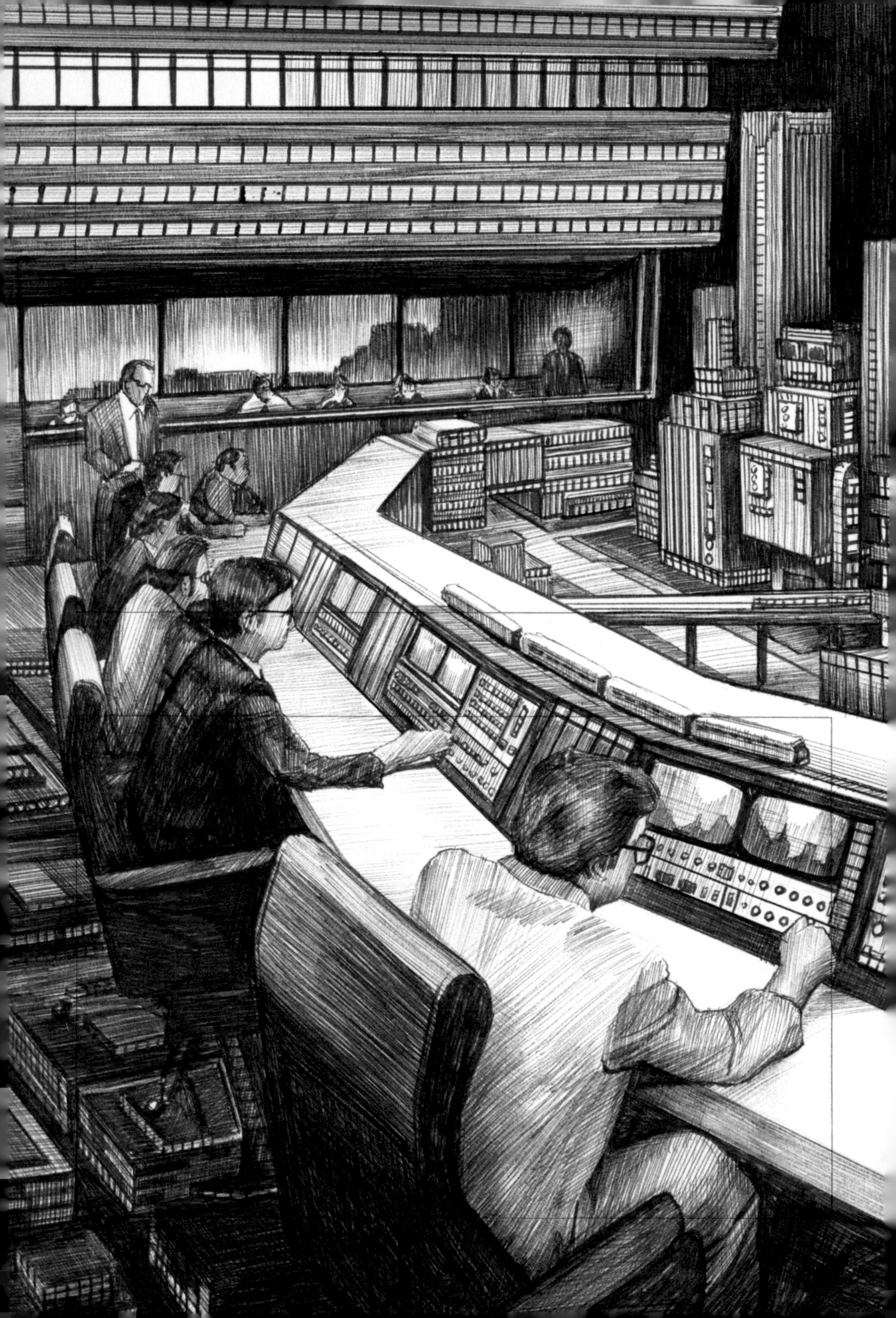

Essay 06
OMA 'at the party'
Manuela Martorelli

Het is een onmiskenbaar feit dat er in de jaren '90 grote internationale belangstelling bestond voor de Nederlandse architectuur. Zoals blijkt uit de stroom aan artikelen en publicaties in Italië, en in veel andere landen, is die belangstelling aan het begin van de 21ste eeuw nog steeds groot.[1]

Tegelijkertijd bliezen sommige Nederlandse critici het culturele prestige op van enkele Nederlandse architectuurbureaus die in de 'gouden' jaren '90 opkwamen. Ze promootten deze generatie met de mythe van een typische 'SuperDutch'-architectuur: fris, experimenteel, luchtig, niet-ideologisch. In de betogen van deze critici was de hoofdrol weggelegd voor Rem Koolhaas. Zijn experimentele onderzoeksmethode en zijn aanpak van het ontwerp zijn van cruciaal belang genoemd voor deze architecten, van wie de meesten bij het Office for Metropolitan Architecture hebben gewerkt. Dat OMA een grote invloed heeft gehad op zowel deze nieuwe generatie als op het architectuurklimaat in het algemeen lijdt geen twijfel. Toch verschillen de projecten van de generatie na Koolhaas fundamenteel van het werk van Rem Koolhaas zelf en hun werk is zeker niet louter een verwaterde versie van zijn ideeën.

Het belangrijkste verschil is dat de generatie na Koolhaas met een ander soort praktijk aan de slag is gegaan, gekenmerkt door een pragmatische houding tegenover de vraag en een onbevooroordeeld professionalisme. Het is een praktijk die direct afstamt van het professionalisme van een bureau als Van den Broek en Bakema.

ARCHITECTUURBULLETIN N° 03|2007

Manuela Martorelli (I, 1980) is architecte en schrijft voor de Italiaanse architectuurkrant Giornale dell'Architettura. Ze won diverse prijzen, waaronder, met de Faculteit Architectuur van de Politecnico di Torino de Special Award for Schools of Architecture van de Biennale in Venetië. Ze verblijft in Nederland ten behoeve voor onderzoek naar haar proefschrift die handelt over de receptie en geschiedenis van architectenbureaus in Nederland vanaf de zogeheten 'generatie 1.0'.

Het Italiaanse architectuurtijdschrift 'Zodiac' kwam eind 1997 met een themanummer gewijd aan de Nederlandse architectuur. Er werd aandacht besteed aan werken van Van Berkel & Bos, Erick van Egeraat en Mecanoo en ook aan twee gebouwen van het op dat moment nog piepjonge MVRDV. (Zodiac, 1997)In een inleidend essay noemde Guido Canella, de hoofdredacteur van het tijdschrift, de geselecteerde werken voorbeelden van een nieuw architectonisch internationalisme. Deze kijk op de Nederlandse architectuur was ook het centrale idee dat naar voren kwam in het architectuurdebat in Nederland. Door Hans Ibelings was deze opvatting al in 1991 naar voren gebracht in *Modernisme Zonder Dogma*. Deze tentoonstelling in het Nederlandse paviljoen op de biënnale van Venetië droeg bij aan de hernieuwde internationale belangstelling voor de Nederlandse architectuur.

Ibelings' tentoonstelling verwees rechtstreeks naar het debat dat een jaar eerder (1990) was losgemaakt door het Delftse symposium *Hoe modern is de Nederlandse architectuur?*, georganiseerd door Rem Koolhaas en Bernard Leupen. Rem Koolhaas stelde toen dat de hedendaagse architectuurpraktijk slechts bezig was met het maken van 'collages' van modernistische verwijzingen. Een modernisme dat zo gemakzuchtig en gemakkelijk te imiteren was, ergerde hem. Vertegenwoordigers van bureaus als die van Herman de Kovel, Mels Crouwel, Ben van Berkel, Joost Meeuwissen, Jo Coenen en Cees Dam waren voor

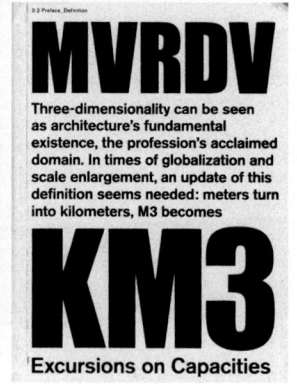

Fig. 6.1 Cover Zodiac nr. 18 1997/1998   Fig. 6.2 Cover FARMAX, MVRDV 1998   Fig. 6.3 Cover KM3, MVRDV 2006

dit symposium uitgenodigd. Mecanoo weigerde aan de bijeenkomst deel te nemen.

Criticus en journalist Hans van Dijk, destijds hoofdredacteur van *Archis* en redacteur van het *Jaarboek*, (Lootsma, 1999) gebruikte het argument dat de generatie van Mecanoo sterk was doortrokken van een modernisme dat zich presenteerde als een formele traditie, een 'schoolmeestersmodernisme', wat het latente academisme van deze stroming verklaarde (Van Dijk, 1990, p8-12). Teruggrijpend op de woorden van Hans van Dijk poneerde Ibelings[2] – die voor de tentoonstelling op de biënnale vrijwel dezelfde architectenbureaus uitnodigde als die bij het symposium van Koolhaas betrokken waren geweest - het motto *Modernisme zonder dogma* (Ibelings, 1991), een modernisme dat niet alleen teruggreep op Duiker, Le Corbusier, Aalto of Mies, maar ook op Alvaro Siza, de Italiaan Luigi Snozzi of het Russische constructivisme. Hoewel naar zijn mening de colleges architectuurtypologie (van o.a. de hoogleraren Max Risselada en Henk Engel) van even grote invloed waren geweest op, bijvoorbeeld, Francine Houben, Erick van Egeraat, Henk Döll en Chris de Weijer van Mecanoo en Benthem en Crouwel, was het resultaat 'een modernisme zonder dogma, inventief en met een geweldige rijkdom aan vormen'. Deze rijkdom aan vormen

genereerde, zoals Van Dijk later in het afsluitend essay van het *Jaarboek* '94-'95 verklaarde, een gemeenschappelijk stilistisch vocabulaire met enkele duidelijk herkenbare elementen (Van Dijk, 1995). Wat hem echter nog meer interesseerde dan deze 'gemeenschappelijke houding tegenover de vorm' was dat de bureaus die deelnamen aan dit 'veelvormige geïndividualiseerde modernisme' een pragmatische instelling hadden, gericht op het voldoen aan de gestelde vraag. Deze instelling was meer dan simpelweg een kenmerk van die generatie, eerder een collectieve houding, een ontwerpstrategie. Bureaus als Benthem en Crouwel, Frits van Dongen (Architekten Cie.), Mecanoo en Koen van Velsen waren het meest representatief voor dit 'nieuwe pragmatisme'.

Het werk van de Architekten Cie. speelde in deze context de belangrijkste rol, vooral omdat de productie en de methoden van de architecten die in dit bureau samenwerkten zich onderscheidden door een hoge mate van pragmatisme en professionele ambitie. De Architekten Cie. werd opgericht in 1987. Midden jaren '90 werd het bureau versterkt door drie jonge architecten: twee studenten van het Berlage Instituut, Branimir Medic en Pero Puljiz, en de in Delft gepromoveerde Pieter van de Wesemael.

Fig. 6.4 Tijdens Symposium in NAi 1997 Fig. 6.5 Cover Superdutch, Bart
foto:onbekend   Lootsma 2000

Ed Taverne schreef: '[Het bureau] opereerde op de internationale markt, maar kende ook altijd een groot contingent jonge buitenlandse ontwerpers. De afgelopen tien jaar waren dat er driehonderd, van het Berlage Instituut en elders, die niet alleen profiteerden van, maar ook in belangrijke mate bijdroegen aan de kosmopolitische ambiance van het bureau. Met zijn professionele imago en mentaliteit houdt de Architekten Cie. een belangrijke traditie in stand in de moderne Nederlandse architectuur, de traditie namelijk van bureaus als dat van Van den Broek en Bakema, dat in het eerste decennium na de Tweede Wereldoorlog ook al fungeerde als een een organisatie waar buitenlandse ontwerpers ideeën konden uitwisselen. Op een vergelijkbare manier als de Architekten Cie. opereerde het bureau Van den Broek en Bakema in een wereldwijd netwerk van praktiserende architecten, maar ook van theoretici en critici. Met een naam die bewust verwijst naar het meest succesvolle samenwerkingsverband tussen Nederlandse architecten van na de oorlog kan de Architekten Cie. worden beschouwd als het eindresultaat van een uniek proces van schaalvergroting, reorganisatie en fusie in de Nederlandse architectuurwereld. Dat proces begon in 1918 met Michiel Brinkman, zette zich met Brinkman en Van der Vlugt en later Brinkman en Van den Broek voort en resulteerde uiteindelijk in de oprichting van het bureau Van den Broek en Bakema. Het is interessant dat het laatstgenoemde bureau nog altijd bestaat, terwijl de Architekten Cie. – in zijn ontwerpbenadering, officiële verklaringen, bestuurlijke en bovenal educatieve betrokkenheid – ondubbelzinnig heeft voortgebouwd op en tegelijkertijd bijgedragen aan de maatschappelijke en culturele ambities van de architectuurgemeenschap' (Taverne, 1998, p.2).

In 1997 presenteerden Christoph Grafe, een van de organisatoren van Koolhaas' symposium, Michael Speaks en Kristin Feireiss het werk van tien jonge bureaus, waaronder MVRDV, Nox, NL Architects en Max. 1³, op een reizende tentoonstelling van het Nederlands Architectuurinstituut. De titel *Nine+One* was programmatisch. De curatoren onderstreepten dat er geen sprake kon zijn van het aanwijzen van een nieuwe beweging of stijl en signaleerden slechts het bestaan van een reeks bureaus – de meeste opgericht na de biënnale in Venetië van 1991 – die zich hadden losgemaakt van 'de formalistische preoccupatie van hun voorgangers en de historische citaten'(Grafe, 1997) die nog kenmerkend waren voor veel werk van de generatie *Modernisme zonder dogma*. Het ging om individuele zoektochten en Rem Koolhaas kon wel ouderschapsverlof aanvragen.[4] Maar ondanks de poging een 'onbevangen vrolijke jonge Nederlandse architectuur' (Grafe, 2005, p.9) voor het voetlicht te brengen onderstreepte *Nine+One* juist het dilemma van een groep architecten met een ontwerpstrategie die zowel gerelateerd was aan de sterk pragmatische benadering van de voorgaande generatie als aan de onderzoekmethoden die door OMA werden toegepast. Deze groep architecten was geen afspiegeling van de individualisering van de samenleving maar een collectieve beweging die zich manifesteerde onder bijzondere maatschappelijke, economische en culturele omstandigheden, op een moment waarop de architectuur diep in de samenleving ingebed leek (Scalbert, 2005, p.33). Deze omstandigheden waren van cruciaal belang voor de experimenteerdrift en de vindingrijkheid van de MVRDV-generatie. Een van de belangrijkste factoren was het groeiende subsidienetwerk dat nauw samenhing met de Architectuurnota's.

De eerste architectuurnota van de ministeries van VROM en WVC verscheen in 1991 onder de titel *Ruimte voor architectuur*. In veel opzichten valt deze nota te beschouwen als een document dat lijn bracht in de veelvormige initiatieven die het fragmentarische beleid van de jaren '80 had opgeleverd (Vollaard, 2003, p.55). In de uitvoering van deze nota verleende de overheid aanzienlijke financiële steun aan het werk van individuele architecten, bijvoorbeeld met de instelling van startsubsidies voor jonge architecten. Maar ook de meest prominente architectuurinstellingen van vandaag (NAi, Stimuleringsfonds voor Architectuur en het Berlage Instituut) danken hun bestaan grotendeels aan die eerste beleidsnota (ibid). De tweede nota, 'De architectuur van de ruimte', verscheen in 1996 en werd zelfs in vier talen vertaald: Duits, Engels, Frans en Spaans. Hierna volgden nog *Ontwerpen aan Nederland* (2000) en het *Actieprogramma Ruimte en Cultuur* (2004).

De Nederlandse 'at the party' beweging – om de door Oase gebruikte term te citeren[5] – kwam in deze atmosfeer tot wasdom;

in een voor de architectuur gunstig klimaat en onder uitstekende economische omstandigheden waren het hoogtijdagen voor de onroerendgoedsector. 'In een van de belangrijkste bijdragen aan de architectuur van de laatste jaren omhelsde een aantal Nederlandse architecten, met name Kees Christiaanse, Neutelings Riedijk, MVRDV en West 8, niet alleen de beperkingen van de particuliere projectontwikkeling, maar ontdekten ook een plek waar een radicale vrijheid leek te bestaan en eisten die op. Nog maar tien jaar geleden werden commerciële projectontwikkelaars door de meeste architecten beschouwd als cultuurbarbaren, maar juist via deze onwaarschijnlijke bron hadden ze toegang gekregen tot onbeperkte experimenteermogelijkheden' (Scalbert, 2003, pp.57-63).

Deze bureaus zijn niet zomaar vrolijk, door data geobsedeerd of gepassioneerde cartoonisten. Ze wisten in hun architectuurpraktijk een nieuwe weg in te slaan die het midden houdt tussen het nieuwe pragmatisme van de Architekten Cie. en de ironische, provocatieve werkwijze van OMA. Volgens Janny Rodermond, voormalig hoofdredacteur van *De Architect*, werd (en wordt) de Nederlandse architectuurpraktijk gekenmerkt door aspecten als 'het werken in teamverband, werken in wisselende constellaties, het aantrekken van buitenlands talent en een mondiale orientatie' (Grafe, 2005, p.17). Volgens Rodermond anticipeerden bureaus als OMA en UN Studio met succes op de veranderende condities voor de ontwerppraktijk. Publicaties als *S,M,L,XL* (1995) veranderden de toekomst van de architectuur zoals *Life Style* (beide ontworpen door Bruce Mau) dat voor de ontwerpkunst deed (Foster, 2002, p.22). Enkele jaren later publiceerde MVRDV – dat als bureau het dichtst bij OMA zou staan – *FARMAX* (1998).[6] De overeenkomsten in opmaak en omvang van de twee boeken zijn overduidelijk, en er blijkt uit hoe groot de impact van Rem Koolhaas is geweest op de generatie Nederlandse architecten na hem. Er zijn echter bij MVRDV, Neutelings, Max. 1, Claus en Kaan en anderen eerder invloeden van het pragmatisme van Kees Christiaanse (vroeger eveneens werkzaam bij OMA) te bespeuren dan van het surrealisme van Rem Koolhaas.

KCAP van Kees Christiaanse is een typisch voorbeeld van een 'at the party' bureau. Christiaanse werd geboren in 1953 en werkte van 1980 tot 1989 bij het Office for Metropolitan Architecture, waar hij in 1983 partner werd. In 1989 richtte hij zijn eigen architectenbureau op, een jaar voordat MVRDV hetzelfde deed. Qua karakter past zijn firma het best bij de professionaliteit van de Architekten Cie.

In een essay uit 1999 stelt Kaye Geipel de veelgehoorde kritiek op de economische en pragmatische kant van Christiaanse's projecten in een ander licht: 'van meer belang lijkt mij dat de politiek opportune zelfbeperking die men in het algemeen met de eigenschappen soberheid en pragmatisme verbindt, bij Christiaanse geen conservatieve terugval in de conventie betekent, maar juist een afweging van nieuwe mogelijkheden'(Christiaanse, 1999). Als voorbeeld neemt hij het zestien verdiepingen hoge kantoorgebouw aan de Laakhaven in Den Haag, waarover hij schrijft: 'Het weglaten springt in het oog: er zijn geen waardevolle materialen; een aan het verticale refererende hoogbouwsymboliek werd juist met opzet genegeerd en het gebouw pronkt niet eens met een representatieve lobby op de begane grond. In plaats daarvan heeft Christiaanse het kantoorproject in drie los samengevoegde blokken verdeeld die op het niveau van de interne organisatie van het gebouw elk een kleine lobby op een hoger gelegen verdieping kregen toegewezen. De bescheiden, gestapelde vorm van de nieuwbouw voegt zich naar het op deze plek nieuwe, verdichte stadsweefsel zonder de rol van de voor dergelijke bouwprojecten typische 'anonieme opdrachtgever' tot monumentale proporties op te blazen. Elk van de drie verschillend vormgegeven delen van het gebouw – synoniem voor de verhuur in verschillende eenheden – lijkt ermee tevreden in de eerste plaats een stedelijk fragment te zijn en pas in de tweede plaats

Fig. 6.6 Crimson & Micheal Spaeks fotocollage van Rem Koolhaas   Fig. 6.7 Cover Archis nr.5. 2004

een eigen vorm in de stad. Verantwoordelijker kan men toch eigenlijk niet omgaan met de ontwerpmarges voor een gebouwtype dat als geen ander wordt gekenmerkt door het stereotype 'marktbeeld' van investeerders, de plicht tot conventionele representatie en de algemeen geldende normen van de kantorenmarkt?'(Christiaanse, 1999). Een bureau dat een radicaal conceptualisme verbindt met een radicaal pragmatisme (Borries, 2006) en een hoge mate aan professionaliteit, waarbij de architect functioneert als bemiddelaar tussen de verschillende actoren binnen het ontwerpproces.

Bureaus als KCAP (Kees Christiaanse), de Zwarte Hond en de Architekten Cie. (geen van drieën opgenomen in het boek *Superdutch* van Bart Lootsma, 2003), maar ook Max.1 en Neutelings Riedijk zijn de meest in het oog springende vertegenwoordigers van deze nieuwe benadering van de architectuurpraktijk. Het 'onbevooroordeelde' professionalisme van Willem Jan Neutelings is in dit opzicht van cruciaal belang.

Neutelings Riedijk wil niet zozeer een bureau zijn dat het 'architectonische surrealisme van alledag' nastreeft, maar omhelst een niet vooropgezette esthetiek waarin de verschillende actoren op ieder moment in het ontwerpproces feedback kunnen geven: 'De vaardigheden die nodig zijn om te kunnen ontwerpen houden rechtstreeks verband met de uiteenlopende media die gedurende het ontwerpproces beschikbaar zijn. Elk medium of elke representatievorm wordt gebruikt voor een bepaald facet van het ontwerpproces (…) Elk medium kent zijn eigen moment en zijn eigen logica in de ontwerpcyclus (…) elementen van consideratie en idealisme zijn slechts tijdelijke structuren, geschraagd door de toeval-

Fig. 6.8 Studie Pig City, MVRDV 2000

lige omstandigheden van het project, zonder ideologische premissen of van tevoren vastgestelde esthetische verlangens'(Neutelings, 2005, p.7).

Een keerpunt in het debat over de 'at the party' generatie werd bereikt onder invloed van de gunstige marktontwikkelingen en het groeiende individualisme in de 'risicomaatschappij'[7], zo genoemd door de Duitse socioloog Ulrich Beck, die zeer populair was onder de Nederlandse critici. Niemand twijfelt aan de juistheid van Becks theorie. Maar de 'at the party' generatie was meer dan een verzameling afzonderlijke bureaus met hun eigen manier van ontwerpen. Ze hanteerden ook allemaal een concept met een nieuwe professionaliteit, met een sterk pragmatische inslag en een gerichtheid op het vinden van nieuwe instrumenten. Een creatief pragmatisme.

Binnen de door Koolhaas beïnvloede professionele cultuur werd druk uitgeoefend om nieuwe instrumenten te creëren en nieuwe onderzoeken te instigeren, maar voor de meesten draaide het daarbij toch vooral om de visuele cultuurstrategie. Wat uit Koolhaas werk werd opgepikt was de esthetische kant ervan.

In een bijdrage aan een speciaal nummer van *Hunch*, gewijd aan de rol van de architect in de hedendaagse maatschappij, schreef Rients Dijkstra (Max. 1) – die samenwerkte met Frits van Dongen maar ook met Rem Koolhaas: 'Op het moment is de relatie tussen de maatschappij, de architect, kritiek en vernieuwing als volgt: architecten leveren kritiek op de maatschappij omdat die hun architectonische vernieuwingen niet omhelst. Dit is niets anders dan een recept voor zelfextinctie. De maatschappij dicteert de omstandigheden; wij kunnen daar kritiek op hebben of een ster zijn die rondzweeft in de ruimte'.[8]

Deze vormen van 'creatief pragmatisme', die hun wortels hebben in de 'at the party' generatie, hebben waarschijnlijk tot de verbeelding gesproken van veel protagonisten van de 'projectieve praktijk' zoals die tegenwoordig opgeld doet. Recentelijk werd een congres over deze kwestie gehouden op de Technische Universiteit Delft, dat als een van de weinige onderzoeksinstituten in Europa echt 'open' staat voor dit thema, vooral dankzij haar promotieprogramma *Projective Landscape*.

Fredric Jameson-adept Michael Speaks behoort tot deze generatie. Al voor zijn bekering tot het antikritische model schreef hij over Nederlandse architectuur en het Nederlandse milieu lijkt een uitstekend uitgangspunt te zijn geweest. In een van de eerste sceptische artikelen over de kritische architectuur, een essay dat in 2002 verscheen in het Japanse tijdschrift $A+U$, pleitte hij voor wat hij een 'post-avantgardistische' beroepspraktijk noemde, gekenmerkt door 'ontwerpintelligentie en niet door enige formele, theoretische of professionele identiteit'. Speaks schreef: 'Prototypes creëren een bepaalde intelligentie door plausibele oplossingen te genereren die deel gaan uitmaken van de gedistribueerde intelligentie van een bureau. (...) Bureaus als AMO/OMA in Rotterdam, George Yu Architects in Los Angeles, Lang Wilson PAC in Vancouver en SHoP in New York combineren de ontwikkeling van zulke technieken met het ontwikkelen van een gespecialiseerde culturele en bedrijfsmatige expertise, wat leidt tot een gespecialiseerde ontwerpintelligentie over een breed terrein, van branding- en marketingconsultancy tot het ontwerp van producten en gebouwen. Andere, minder formeel gerichte bureaus als Max.1 en Crimson, eveneens uit Rotterdam, richten zich op de ontwikkeling van wat ze 'orgware' noemen, de organisatorische intelligentie die bemiddelt tussen enerzijds de software van beleidsrichtlijnen, zonering en juridische codes, en anderzijds de bouwkundige of infrastructurele hardware. (...) De hedendaagse architectuur is gedwongen zich te richten naar de noodzaak tot vernieuwing, om plausibele oplossingen te vinden voor problemen die weliswaar zijn geconstateerd, maar waarvan de bredere implicaties nog niet zijn verwoord. Dit kan alleen worden bereikt via intelligentie.'[9]

Interessant is dat in de verschillende discoursen over postkritische architectuur regelmatig wordt verwezen naar Rem Koolhaas, niet alleen als voorloper van de postkritische beweging, maar ook als mentor van de 'at the party' generatie. Zo vervult Koolhaas een cruciale brugfunctie in de tekst van Somol en Whiting over het 'Dopplereffect', waardoor de schrijvers kunnen overstappen van een 'kritische' invalshoek op een 'projectieve'. Het is bijna onvoorstelbaar dat het postutopische pragmatisme, dat momenteel zo dominant aanwezig is in de toonaangevende architectuurkringen in Nederland (en waarschijnlijk mede door toedoen van Speaks uit de Verenigde Staten is ingevoerd), niet kan worden teruggevoerd op de invloed die de jonge Koolhaas had op de vroege generaties van zijn eigen protégés aan het eind van de jaren '70 en in de jaren '80.[10]

Ondanks zijn diepe geloof in de noodzaak van professionele architectonische doeltreffendheid en andere belangrijke elementen van de postkritische benadering, heeft de anti-Tafuriaan Koolhaas wel degelijk deelgenomen aan heel wat recente episodes die werden gekenmerkt door een nadrukkelijke kritische agenda[11] en een grote afstand tot de generatie na hem. In zijn bijdrage aan de door *Any Magazine* georganiseerde conferentie in *la Cité de l'architecture et du patrimoine* in 1999 verklaarde Koolhaas polemisch: 'In zeker opzicht ben ik een van de minst succesvolle leden van de Any conferenties, in de zin dat ik het de afgelopen drie jaar over kwesties heb gehad die niemand anders lijken te interesseren. Ik heb het zonder enig merkbaar effect gehad over architectuur in China, en ik heb het gehad over de invloed van het winkelen op de huidige architectuur, eveneens zonder merkbaar effect, ook al was het een zeer suggestieve theorie. Ik voel me

dus nogal alleen, al is dit in zekere zin de samenvatting van mijn ervaring (...) Ik heb soms het gevoel dat ik een van de weinigen ben die geïnteresseerd is in theoretiseren en de consequenties van de globalisering aanvaardt. (...)'(Koolhaas, 2000, p.124)
Ongetwijfeld was dit een zeer tegenstrijdige positie die hem in staat stelde de hedendaagse verheerlijking van het winkelen te bekritiseren, maar tegelijk ook verschillende winkels voor Prada te ontwerpen. Vanuit deze positie kon hij AMO oprichten, de innovatieve tegenhanger van OMA, dat zich voornamelijk richtte op kritische interventies in het breder geworden ontwerpdomein, en zich tegelijk ook als adviseur verbinden aan Condé Nast die zijn tijdschriftenimperium wilde restylen, en ook nog eens onderzoeken uitvoeren naar de verstedelijking in Lagos in Nigeria. Koolhaas wil een publieke intellectueel zijn die de niet-architectonische aspecten van architectuur benadrukt. (Allen, pp.60-61)
Ondanks de verwantschap die sommige jonge Nederlandse architecten van de 'at the party' generatie met de situationistische beweging[12] voelen, en de afstand die Koolhaas daarvan heeft genomen, lijkt de laatste de enige die volledig trouw is gebleven aan sommige van de oorspronkelijke doelstellingen van de beweging.[13]
Amper een maand voor het begin van het symposium *Projective Landscape* in Delft hield Rem Koolhaas een lezing in het Berlage Instituut. Na zijn gebruikelijke verhaal, over de essentie van architectuur, maakte hij een terloopse opmerking over de toespraak die Ignasi de Solà-Morales in 1997 op de *Anyhow* conferentie in Rotterdam had gehouden.[14] Solà-Morales markeerde hierin de grenzen van wat hij vloeibare architectuur noemde. Deze was begonnen bij Fluxus en had geleid tot een compleet nieuw architectuurconcept waarin het situationistische 'dwalen' een afwijzing betekent van een louter visuele programmatische planning en zich wijdt aan menselijke stromen. Een architectuur die andere gebeurtenissen, andere prestaties en zelfs gevaar ervaart.

NOTEN:

1. In 1988 kwam het Italiaanse tijdschrift 'Lotus' met een nummer dat geheel gewijd was aan Nederland. De titel was The Netherlands: the hypermodern territory / the super-traditional city en het bevatte essays van Hilde Heynen en Ole Bouman en artikelen over projecten van onder andere Rem Koolhaas, West 8, mvrdv, Mecanoo en Krier. De nadruk lag vooral op het nieuwe 'magische architectuurtijdperk' in Nederland en de aanhoudende belangstelling daarvoor.
2. De bureaus die werden uitgenodigd waren Wiel Arets/ Wim van den Bergh - Jan Benthem/Mels Crouwel - Ben van Berkel - Bert Dirrix/Rein van Wylick - Paul Dobbelaar/Herman de Kovel/Paul de Vroom - Frits van Dongen - Mecanoo – WillemJan Neutelings/Frank Roodbeen - Jan Pesman - Koen van Velsen.
3. Bosch Haslett, Max.1, NL, Buro Schie, VMW architects, Marx en Steketee, MVRDV, Nox, Endry van Velzen, Renè van Zuuk
4. 'Referentie: OMA; de sublieme start van een architectengeneratie' was een tentoonstelling die in 1995 in het NAi werd gehouden en een herkenbare beweging onder voormalige OMA-medewerkers trachtte te identificeren.
5. het nummer "After the Party? Nederlandse architectuur 2005", Oase n° 67 is gewijd aan de zogenaamde 'tweede moderniteit' (de party-generatie) en de nieuwe jonge architectuurbureaus (de after the party-generatie) en benadrukt de huidige architectonische crisis in Nederland.
6. gevolgd door MetaCity/Datatown (1999), Costa Iberica (2000), Regionmaker (2002) en 5 Minutes City (2003), KM3 (2005).
7. Ulrich Beck, "Living your own life in a runaway world: individualization, globalization, politics", Archis n°2, Rotterdam, 2001, pp. 17-30.
8. Rients Dijkstra, "Ladies and gentlemen, we are floating in space", Hunch n°6/7, 2003.
9. Michael Speaks, "Design Intelligence, Part I: Introduction", A+U 387 no. 12 (387), 2002 Dec., p. 10-18.
10. George Baird, "Criticality and its Discontents", Harvard Design Magazine, n°21, 2004
11. ibid
12. regelmatig verklaarden bureaus dat ze zich in hun projecten hadden laten inspireren door het situationalisme, al was dat dikwijls slechts op een formeel niveau. Een voorbeeld is 'Brabant 2025' van MVRDV.
13. Zie voor een nadere analyse van deze kwestie Lieven de Cauter en Hilde Heynen, *The Exodus Machine*, in: *Exit Utopia*, Prestel, 2005. Zie ook Stan Allen op. cit. p.60.
14. Ignasi de Solà-Morales, *Liquid Architecture*, in: Cynthia Davidson (red.), *Anyhow*, The MIT Press, 1998, p.43

BRONNEN:

- Borries, F. Von e.a., *Situation, KCAP Architects & Planners*, Rotterdam, 2006
- Christiaanse, K. E.a., *Kees Christiaanse*, Rotterdam, 1999
- Dijk, H. van, "Het onderwijzersmodernisme", *Archis* n° 6, Rotterdam, 1990
- Dijk, H. van, Over stagnatie en vernieuwing, in: Brouwers e.a. red., *Architectuur in Nederland, jaarboek 1994-1995*, Rotterdam, 1995
- Foster, F., *Design and Crime (and Other Diatribes)*, Londen, 2002
- Grafe, C. e.a., *Nine + One, tentoonstellingscatalogus*, Rotterdam, 1997
- Grafe, C., Maaskant, M., Stuhlmacher, M. (red.), "After the Party? Nederlandse architectuur 2005", *Oase*, n°67, Rotterdam, 2005
- Grafe, C. "Acht jaar na Nine + One" in Oase 67, Rotterdam, 2005
- Ibelings, H., *Modernism without dogma: Architects of a younger generation in the Netherlands*, Rotterdam, 1991
- Koolhaas, R., From Lagos to Logos, in: Cynthia Davidson (red.), *Anymore*, The MIT Press, 2000, p.124
- Lootsma, B., "De internationale Nedelanden", in Ibelings, H., Lootsma, B., Verstegen, T., red. *Architectuur in Nederland, jaarboek 1998-1999*, Rotterdam, 1999
- Lootsma, B., *Superdutch*, Thames & Hudson, Londen, 2003
- Neutelings, W-J., *At Work. Neutelings Riedijk Architects*, Uitgeverij 010, Rotterdam, 2005
- Scalbert, I., "Architecture at the end of the history" in: Patteeuw, V. (red.), *Reading MVRDV*, Rotterdam, 2003
- Scalbert, I., "Een wereld van verschillen of een andere wereld?", in *Oase 67*, Rotterdam, 2005
- Taverne, E., *de Architekten Cie. 1988-1998*, Berlijn, 1998
- Vollaard, P., Architectuur als vlag van de natie, in: Hoogewoning, A., Toorn, R. Van, Vollaard, P., Wortmann, A., *Architectuur in Nederland, jaarboek 2002-2003*, Rotterdam, 2003
- *Zodiac* n°18, Milaan, 1997

MEER ARCHITECTUUR PER KUBIEKE METER

Over de potentiële bijdrage van het medium strip aan architectuurprojecten

MÉLANIE VAN DER HOORN

ESSAY 07

ARCHITECTUURBULLETIN N° 03|2007

Mélanie van der Hoorn (NL, 1975) is cultureel antropologe. In 2005 promoveerde ze aan de Universiteit Utrecht met haar proefschrift *Indispensable Eyesores: An Anthropology of Undesired Buildings*, dat eind 2007 bij Berghahn Books zal verschijnen. Momenteel doet ze onderzoek naar de wisselwerking tussen architectuur en strips; haar project *Bricks and Balloons* wordt mede mogelijk gemaakt door een subsidie van het Stimuleringsfonds voor Architectuur. Eerder sprak zij over dit onderwerp in het Nederlands Architectuurinstituut.

'Meen je dat serieus?'

Een gigantische, flitsende toren, een strak vormgegeven pier, grootstedelijke verlichting: het beeld van een moderne, rijke stad. De brug over de Limmat, de façade van de Nationalbank, op de achtergrond de torens van de Fraumünster en Grossmünster Kirche, een glimp van Hotel Baur Au Lac: onmiskenbaar de Bürkli Platz in het Zwitserse Zürich. Vanuit de toren klinken stemmen: 'Meen je dat serieus? – Ja, echt. Boven, in mijn kantoor, kunnen jullie alle cijfers inzien.' Een alledaagse dialoog, in de metropool van het bankwezen. En toch is er iets vreemds aan de hand: in werkelijkheid bestaan noch de toren, noch de verlenging van de Bürkli Platz waaraan hij staat. Zijn we nu wel of niet in Zürich? Hoe reëel, of hoe realistisch is dit beeld?

We bevinden ons in de openingsscène van *Tot eines Bankiers*, een tweedelig stripverhaal van architect en striptekenaar Matthias Gnehm. Voor het eerste deel ontwikkelde hij een stedenbouwkundig plan voor de Bürkli Platz, en plaatste daar een toren. Dit nieuwe stukje stad werd de locatie voor een thriller in en over de wereld van vastgoedinvesteerders. Voor het tweede deel van het verhaal werd hij bijgestaan door collega-architecten; zij ontwierpen een nieuw plein, hotel, congrescentrum en een museum als toekomstscenario en enige mogelijke uitkomst van de geschiedenis van bankmagnaat Charles Gubler. De tekeningen, in een schaal van 1/500, en de maquette van 3,5 x 4 x 1,8 m. werden bij de presentatie van het stripverhaal in het lokale Architekturforum, en vervolgens als reizende tentoonstelling door heel Zwitserland getoond.

Een origineel idee, maar niet meer dan een bizarre gedachtekronkel? Een plan zonder programma van eisen en reële randvoorwaarden? In ieder geval een project waarvan aannemersbedrijf Mobag bereid was alle kosten te dekken. Een voorstel ook dat op het hoogste niveau, bij architecten, politici en investeerders, heftige discussies deed losbranden. Stedenbouwkundige vraagstukken, ten slotte, waarvan de recente architectuurprijsvraag voor een nieuw congrescentrum aan de Zürichsee – in maart 2006 gewonnen door Rafael Moneo – nogmaals de actualiteit heeft bevestigd.

Bruggen

Gnehm is zeker niet de enige, noch de eerste, die een belangrijke brug heeft geslagen tussen de driedimensionale wereld van de architectuur en de tweedimensionale van het stripverhaal. Veel striptekenaars hebben een opleiding als architect genoten en profileren zich als eigenzinnige architectuurcritici. Het medium strip maakt het mogelijk om bestaande en imaginaire gebouwen op een unieke manier tot leven te roepen, onder meer door er menselijk handelen in te projecteren. Dat beseffen ook veel architecten die zich van de stripvorm bedienen om hun projecten, of de soci-

Fig. 7.1 Maquette van de Bürkli Platz, gepresenteerd in het lokale Architekturforum met uitzicht op de ('echte') Zürichsee. – foto: Matthias Gnehm

ale, politieke en economische context waarin deze al dan niet tot stand komen, te presenteren. Willem-Jan Neutelings was in 1989 een van de eersten die dat heel expliciet deed met zijn voorstel voor een European Patent Office in Leidschendam (toen nog in samenwerking met Frank Roodbeen). Ook het bureau van Rem Koolhaas heeft herhaaldelijk een eigen draai aan het medium strip gegeven: als ironische reflectie op de onderhandelingen over het wooncomplex Byzantium in S,M,L,XL, als functiediagram mét tekstballons voor de Seattle Public Library, als fotoroman over de opening van de Nederlandse ambassade in Berlijn in een nummer van Domus. Jean Nouvel bestelde voor een overzichtstentoonstelling in het Deense Louisiana Museum in de zomer van 2005 drie striptekenaars die zijn (nog) niet gerealiseerde ontwerpen tot leven moesten brengen. De veelvoud aan voorbeelden en de hoogwaardige kwaliteit ervan, zijn reden genoeg om de dynamische relatie tussen architectuur en strips nader onder de loep te nemen, en de uitdaging aan te grijpen om serieus te kijken naar wat daarin tot uiting komt, en welke kansen dat biedt.

Vanuit architectuurhistorisch perspectief zijn ook vroegere dwarsverbanden tussen beide media geïdentificeerd. Hans Ibelings geeft in een artikel uit 1996 een informatief overzicht van invloeden uit de stripwereld op het uiterlijk van architectuurtekeningen.[1] (Ibelings, 1996) Hij merkt daarin op dat parallellen zelfs al aan het begin van de 20e eeuw, in het werk van Le Corbusier, kunnen worden aangetroffen. Ibelings is niet de eerste die soortgelijke verbanden heeft opgemerkt: er zijn tentoonstellingen over dit thema geweest en themanummers in tijdschriften verschenen.[2] De invalshoeken beperken zich echter nog vaak tot een opsomming zonder verdergaande analyse van de vraag, wat strips nu eigenlijk voor de architectuur kunnen betekenen, zowel als vorm van architectuurkritiek als ook als presentatiemedium of zelfs ontwerpmethode. Diverse architecten en striptekenaars onderstrepen het belang van een dergelijke bijdrage. In het onderhavig onderzoek is dan ook doelbewust gekozen voor een hedendaagse context, waarin vertegenwoordigers uit beide disciplines bij hun werk worden gadegeslagen en waarin kruisbestuivingen niet achteraf geanalyseerd, maar vanuit de praktijk besproken worden. Het belang van het beeldverhaal – meer dan een simpel representatiemiddel maar ook een verrassende ontwerpmethode – zal pas dan uit de verf kunnen komen.

Tastbaarheid in het conceptuele

Marc-Antoine Mathieu, grafisch vormgever en striptekenaar, is de auteur van een zestal strips waarin de relatie tussen stedelingen en de gebouwde omgeving centraal staat. Hij doet dit niet op een semi-documentaire manier als in de internationaal bekende *Duistere Steden* serie van François Schuiten en Benoît Peeters,[3] maar meer op poëtisch-filosofische wijze. Hoofdfiguur Julius Corentin Acquefaces is ambtenaar bij het Ministerie van Humor. Als woonruimte beschikt hij over een uiterst beperkt aantal vierkante meter en hij woont nóg krapper, nu hij zijn kastruimte heeft onderverhuurd aan iemand die daarin, vastgesnoerd als in een ruimteschip, slaapt (en snurkt). Als hij 's ochtends naar zijn werk gaat, moet hij door de (identieke) kamer van zijn buurman sluipen, om zich met een stroom medeambtenaren in een al even verstikkende openbare ruimte te begeven. Twee collega's kunnen zich gelukkig prijzen met een iets groter appartement, waar echter de lift 50 tot 60 keer per dag dwars doorheen komt razen. Maar ach, 'een klein detail, vergeleken met het ongemak van de twee kluisjes die ze vroeger op het station huurden'. De notie van 'leefruimte' wordt hier letterlijk en figuurlijk tot het uiterste opgerekt.

Mathieu, die zowel privé-interieurs als openbare gebouwen (ministerie, rechtbank, station) en stadsgezichten laat zien, heeft een abstracte en (zwart) humoristische vormtaal ontwikkeld waarin de veelal beklemmende wisselwerking tussen mensen en hun omgeving tot uitdrukking komt. Gebouwen belichamen de maatschappij die ze tot stand heeft gebracht, en omgekeerd bepalen zij het doen en laten van de mensen die erin leven. 'Er is geen ontkomen aan de gebouwde omgeving', aldus Mathieu, die met zijn eigenzinnige architectuurkritiek vooral maatschappijkritiek wil bedrijven. Maar er is meer. Mathieu experimenteert met de grenzen van de strip en voegt een derde dimensie aan dit tweedimensionale medium toe: hij stanst zomaar een kader uit een bladzijde, laat de hoofdfiguur via een heuse wenteltrap van de ene naar de andere pagina lopen en laat in zijn laatste boek de lezer zelfs door een roodgroene bril de ruimte ontdekken. Met zijn enigszins iconoclastische innovaties brengt Mathieu, naar eigen zeggen, 'iets concreets, iets tastbaars in iets dat normaliter alleen conceptueel is. [...] Normaal gesproken, als je een verhaal leest, ben je niet met klei in de weer; je bevindt je puur in het cognitieve. Maar ik, ik raak aan het materiële, en moet daar de structuur van mijn verhalen op afstemmen. Dat structureren lijkt sterk op het structureren van een architectuurproject.' En wanneer een architect het medium strip gebruikt, krijgt volgens Mathieu ook de zogenaamde vierde dimensie – het tijdselement – een bijzondere betekenis: de architect kan handelende mensen in zijn gebouwen projecteren.

Verhalen vertellen

Al vertellend leidt de striptekenaar zijn lezers in een gebouw rond; zo ook Matthias Gnehm. In zijn verhalen weerspiegelt de bouwstijl de gemoedstoestand van de personages, en omgekeerd. Op deze manier verklaart Gnehm bijvoorbeeld zijn keuze voor een expressionistisch gebouw in *Tod eines Bankiers*. Op iedere bladzijde is plaats voor vijf à zes beelden, dus het perspectief in ieder beeld kan – en moet – zorgvuldig gekozen worden. Gnehm: 'Doordat ik niet met bewegende beelden werk, kan ik me concentreren op het "klassieke" perspectief: dat wil zeggen dat ik, net als architecten dat vroeger deden, doelbewust vanuit een specifieke hoek een blik op het gebouw werp. Ik heb dus niet zoals met de huidige computerprogramma's duizenden mogelijkheden, waar men vaak een beetje in verdwaalt. Het medium strip is een wenselijke beperking, een beperking die goed doet. Het vergt een zekere abstractie, maar daaruit ontstaat een unieke kwaliteit. [...] Je hoeft niet het hele gebouw van tevoren op de computer vast te leggen, maar je kunt er bepaalde aspecten uit nemen, die afbeeldingen kiezen die je nodig hebt, en de rest hoef je niet te tekenen. Zo blijft er veel speelruimte voor de fantasie van de lezer, die uit de verschillende fragmenten een geheel kan samenstellen.'
Over het algemeen worden strips – zeker een eerste keer – snel gelezen; het zijn vaak de tekstballons die de snelheid bepalen. De lezer neemt de tekst bewust,

en de beelden voornamelijk onbewust in zich op, maar volgens Gnehm schuilt juist daarin de potentie van het medium: 'Tussen twee beelden bepaalt de lezer zelf welke beweging hij maakt. Dat lijkt wellicht vanzelfsprekend, maar dat is het middel waarmee je als tekenaar doelbewust kunt werken, want in het witgedeelte tussen de beelden gebeurt eigenlijk veel meer dan in de beelden zelf. Als je als tekenaar het oog van de lezer als een camera ziet, dan kun je dat oog zo begeleiden, dat de lezer een indruk krijgt van de beweging in de ruimte.'
Gnehm genoot een opleiding als architect en begon in de eindfase van zijn studie met het medium strip te experimenteren. Hij studeerde af bij Hans Kollhoff met zijn strip *Paul Corks Geschmack*, in coauteurschap met Francis Rivolta (Gnehm, 1998). Joost Swarte maakte de omgekeerde beweging en raakte als striptekenaar bij architectuurprojecten betrokken. Zijn ontwerpschetsen bepaalden het gezicht van de Haarlemse Toneelschuur (Tromp 2003), en recenter ging hij met een Amsterdamse woningbouwcorporatie in zee voor de realisatie van vier appartementen. Ook hij ziet in het vertellende karakter

Fig. 7.2 Julius Corentin Acquefaces midden in het spitsuur, in Mathieu's "Le processus".
beeld: Marc Antoine Mathieu

van strips een belangrijke bijdrage voor de architectuur. Daarbij waakt hij ervoor dat de nieuwsgierigheid van de lezer, of bezoeker, altijd geprikkeld blijft: 'Je leidt mensen een verhaal in, maar je vertelt nog niet alles, dat komt later pas. Met andere woorden, als je in een gebouw loopt moet er later altijd nog iets te ontdekken vallen, dus als je ergens om de hoek gaat, moet er een verrassing kunnen zijn. Dat soort dingen kom je in de Toneelschuur wel tegen.' Ook ziet Swarte er altijd op toe dat zijn verhaal helder is, 'dus niet dat mensen een oerwoud in gestuurd worden en niet meer weten hoe ze eruit kunnen komen'. In de Toneelschuur vertaalt die intentie zich in de schuin aflopende vloer van de filmzalen als element in de voorgevel, dat van meet af aan poneert dat daarbinnen 'iets theatraals gebeurt', of in de felroze toegangsdeuren tot de theaterzalen: 'Als het schoonmakerskasten waren, dan zouden ze niet felroze zijn, dat doe je niet, dus dan moet daar wel iets bijzonders achter zitten en dat is ook zo'.

Volgens Gnehm gunt een strip als 'verhalende vorm' zijn publiek meer vrijheid dan film, omdat de lezer zelf invulling geeft aan de stemmen van de personages, en vooral aan de beweging en het tijdsverloop in het verhaal. Hij bepaalt zelf mee, 'hoe een ruimte zich aan zijn ogen ontvouwt'. Volgens Swarte zou die vrijheid bij de beleving van een gebouw nog groter moeten zijn, en ook daarbij kan de striptekenaar mogelijk een rol spelen als hij zich bewust blijft van de werking van de verschillende media: 'Als schrijver of tekenaar ben je "aangever". Voor de lezer is het aantrekkelijk dat hij jouw gedachten kan lezen, maar hij kan ze ook van zich af zetten als hij het boek dichtslaat. Bij een gebouw is dat heel anders; daar moet een ander echt in leven, dus je mag als ontwerper niet te nadrukkelijk het leven van een ander dicteren. Je kunt wel allerlei elementen aangeven, waarvan je verondersteld dat een ander daarbinnen heel goed kan leven of functioneren, maar je moet niet één ding dicteren'.

Swarte licht nog twee aspecten nader toe. Ten eerste werkt hij graag met meerdere varianten: 'Als ik een bar teken, en er komt op verschillende manieren licht uit die bar, dan kun je zeggen: we tekenen het allemaal van opzij naar rechts, een strijklicht langs de voorkant van die bar. Maar je kunt ook zeggen: op de ene plek doen we het vanaf de zijkant en aan de andere kant doen we het vanaf de bovenkant. Zo probeer je die varianten er ook in te verwerken.' Ten tweede vestigt hij de opmerkzaamheid van zijn publiek via onverwachte details op het essentiële: 'In strips kun je mensen fijn op het verkeerde been zetten. Je leidt ze een bepaalde richting op en ineens blijkt het allemaal anders te zijn. Grapjes maken en relativeren liggen dicht bij elkaar, en het woord twijfel ligt daar ook weer erg dichtbij. Een aantal van die aspecten kun je ook toepassen in de architectuur. Mensen moeten niet tot vervelens toe met een grap geconfronteerd worden, dat lijkt me op den duur heel vervelend. Maar als achter bepaalde aspecten van een gebouw een heel verhaal zit, dan vind ik dat ontzettend leuk.'

Impact

Kwam het medium strip bij Mathieu, en in eerste instantie ook bij Gnehm, naar voren als een uniek middel om te reflecteren op stedenbouwkundige ontwikkelingen en de wisselwerking tussen mens en gebouw, bij Swarte krijgt het ook steeds duidelijker gestalte als presentatiemiddel, of zelfs als ontwerpinstrument. Net als Gnehm maakt Swarte een vergelijking met computervisualiseringen om zijn standpunt te verduidelijken: 'Met tekeningen kun je een opdrachtgever overtuigen van waar het naartoe gaat, en die hele fantasie kan op hol slaan. Bij computertekeningen slaat die fantasie over het algemeen dood, vind ik, omdat daarmee de realiteit zo dicht benaderd wordt. Voor een definitief ontwerp lijkt me dat heel goed, maar als je dat helemaal aan het begin doet, dan kap je alle discussie af die je juist nodig hebt voor de ontwikkeling van een goed gebouw. Je moet als architect natuurlijk wel adviseren, maar er moet ook voldoende ruimte zijn, zowel om de opdrachtgever gelegenheid te geven om vragen te stellen over het ontwerp, maar ook zodat je jezelf realiseert dat een eerste inval lang niet altijd een definitieve of een goede inval is. In de ontwikkeling van een gebouw kom je altijd dingen tegen die om verandering vragen. Het idee van een definitieve tekening is eigenlijk een soort bluf naar de opdrachtgever toe.'

Architect Henk Döll, toen nog vanuit bureau Mecanoo, werkte samen met Swarte diens ontwerpschetsen verder uit tot een levensvatbare Toneelschuur. Hij bevestigt dat de invloed van tekeningen in een vroege fase van het ontwerpproces niet onderschat mag worden en vertelt dat Swartes tekeningen in het Haarlemse 'een bepaald enthousiasme losweekten'. Dat enthousiasme had ook een marktwaarde, want met dat enthousiasme kwamen ook de fondsen: 'Op een gegeven moment had het binnen het Haarlemse zoveel impact gekregen, dat men er niet meer omheen kon.' Van die marktwaarde maakten Swarte en Döll ook gebruik bij het samenwerkingsproject dat daarop volgde, om hun Johannes Enschedé Hof naar voren te schuiven als eigentijdse tegenhanger van het daarnaast gelegen oudste hofje van Nederland.

Ook voor Gnehms project was de belangstelling opmerkelijk breed. De deelnemende architecten vonden in deze projectvorm een welkome vrijheid, vergelijkbaar met, maar nog uitgesprokener dan bij een prijsvraag. Aannemersbedrijf Mobag dat als sponsor optrad, presenteert zichzelf in de tentoonstellingscatalogus als volgt: 'Bouwen vraagt om een holistische benadering, een vooruitziende blik en een op maat gesneden dienstverlening. [...] Bouwen is meer dan stof en modder: het is een passie, die [...] nauwkeurigheid in de realisatie, betrokkenheid in de begeleiding van iedere projectfase, en veel liefde voor detail vereist'. Volgens Gnehm was het project voor Mobag een welkome aanleiding om zich over de reële stad te buigen, en de vraag te stellen, hoe groot men in Zürich kan bouwen. Op uitnodiging van Mobag waren bij de vernissage investeerders van verschillende grote banken aanwezig, om te bespreken of ze heil zagen in een dergelijk project. De toren was letterlijk en figuurlijk het meest provocerende detail, waarschijnlijk omdat niemand meer wist hoe serieus het voorstel genomen moest worden. Ook in dagbladen en bij leken bracht het gebouw de meest extreme reacties teweeg en fungeerde het als katalysator voor bredere discussies, bijvoorbeeld over de dubbele en besluiteloze oriëntatie van Zürich: naar de Zürichsee en naar de rivier de Limmat. Daarbij is het niet onbelangrijk dat, zoals in een andere formulering door Swarte opgemerkt, architectuur openbaar is. Het gaat veel mensen iets aan en het kan niet, als een stripverhaal, simpelweg 'dichtgeslagen' worden. Het uitgangspunt van Gnehms project was eenduidig het stripverhaal; dat gaf de lezers als eerste toegang tot de gebouwen. Vervolgens, vertelt hij verheugd, 'ontstond uit deze fictieve aanleiding een uiterst realistische discussie'. Saillant detail daarbij was, dat het congrescentrum in het Zürich van Gnehm net zo gemakkelijk weer van de aardbodem kon verdwijnen als dat het uit de grond verrezen was. Aan het eind van het tweede deel van *Tod eines Bankiers* gaat het in vlammen op, waarmee nog een extra dimensie in de wisselwerking tussen mens en architectuur wordt onderstreept: de mogelijkheid om gebouwen te verguizen en vergruizen.

Hoe realistisch kunnen architectonische ontwer-

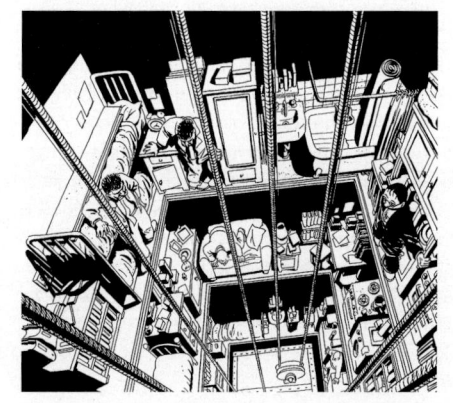

Fig. 7.3 Scène uit Mathieu's "Mémoire morte": een 'luxe' appartement waar 50-60 keer per dag een lift doorheen raast. – beeld: Marc Antoine Mathieu

Fig. 7.4 Scène uit Mathieu's "Mémoire morte": muren die verrijzen zonder dat mensen daar invloed op kunnen uitoefenen. – beeld: Marc Antoine Mathieu

pen van striptekenaars überhaupt zijn? Volgens Döll was een belangrijke bijdrage van Swarte aan de Toneelschuur, dat hij 'bezig was, de ruimte letterlijk en figuurlijk te omkaderen'. Hij geeft toe: 'Het verhalende, dat heel erg in de tekeningen van Joost zit, dat zit ook in het gebouw. Als wij bij nul waren begonnen, dan was dat misschien wat minder sterk geweest.' Desalniettemin waren tekenaar en architect het er van meet af aan over eens, dat het gebouw vooral geen 'gebouwd stripverhaal' moest worden. De architect had vooral een belangrijke taak aan de logistiek van mensen en goederen, en aan de theatertechniek; daarnaast moest er meer 'rust' in het ontwerp komen, om 'kakofonie te vermijden'. Swarte zelf vertelt dat hij in de beginfase een bevriende architect om raad vroeg, en dat toen plotseling het verschil tussen 'het *tekenen* van drie dimensies en het *ontwerpen* van drie dimensies' tot hem door drong. De architect drong erop aan dat Swarte de muren dik genoeg zou maken, 'want muren van theaters, die moeten een hoop geluid tegenhouden. Houd er maar rekening mee dat 15% van je oppervlak verloren gaat aan muren'. Swarte had daar nog nooit bij stilgestaan: 'Ik heb altijd met mijn potloodlijntjes gedacht: "Dat is de begrenzing van een ruimte". Je zet er een kleur in en het is een vlak, en wat erachter gebeurt, dat ziet niemand...'

Zouden tekenaars nu als verplichte 'meekijkers' of zelfs als 'toegevoegde ontwerpers' betrokken moeten worden in het ontwerpproces? Indien rekening gehouden wordt met bovengenoemde randvoorwaarden, dan kan daar met een volmondig 'ja' op worden geantwoord, want, zoals Döll stelt: 'Het levert meer architectuur per kubieke meter op, en het is beter doordacht.'

NOTEN:

1 Zie ook : Max van Rooy, 1997, "Een lang woord vooraf: Architectuur en strip", (Hekkema, 1997).
2 Claude Eveno (ed.), 1987, "Monuments éphémères: BD, mode, théâtre, lumières... et architecture", *Cahiers du Centre de Création Industrielle* n°3, Paris: Centre Georges Pompidou. Jean-Marie de Busscher, 1985, "Attention travaux! Architectures de bande dessinée", *À Suivre* (hors série), Paris: Casterman.

Institut Français d'Architecture, 1985, *Architectures de bande dessinée*, catalogus bij de gelijknamige tentoonstelling, Paris: IFA. Centro de Cultura Contemporánea de Barcelona, 1994, *Ciudades ilustradas / Ciutats illustrades*, Barcelona: CCCB & Editorial Destino. Peter Rumpf (ed.), 1996, "Comics und Architektur", *Bauwelt* n° 46 (Berlin). Pascal Lefèvre, 1996, *Architectuur in de negende kunst / Architecture dans le neuvième art*, Arnhem : NBM-Amstelland Bouw. Centro de Cultura Contemporánea de Barcelona, 1998, *Ciudad y cómic / Ciutat i còmic*, Barcelona: CCCB & Instituto de Ediciones de La Diputación de Barcelona.

3 Voor een overzicht van de serie *De duistere steden*, zie: www.urbicande.be

BRONNEN:

- Gnehm, M. & Rivolta, F., *Paul Corks Geschmack*, Zürich, Hochparterre, 1998
- Gnehm, M., *Tod eines Bankiers. Band 1: Das Leben ist teuer*, Zürich, Edition Moderne, 2004
- Gnehm, M., *Tod eines Bankiers. Band 2: Der Tod ist gratis*, Zürich, Edition Moderne, 2005
- Ibelings, H., "Der Architekt, die Zeichnung, der Comic", *Bauwelt* n° 46, pp. 2620-2622, 1996
- Mathieu, M.A., *Julius Corentin Acquefacques, prisonnier des rêves. Tome 1: L'origine*, Paris, Éditions Delcourt, 1990
- Mathieu, M.A., *Julius Corentin Acquefacques, prisonnier des rêves. Tome 2: L'origine*, Paris, Éditions Delcourt, 1991
- Mathieu, M.A., *Julius Corentin Acquefacques, prisonnier des rêves. Tome 3: L'origine*, Paris, Éditions Delcourt, 1993
- Mathieu, M.A., *Julius Corentin Acquefacques, prisonnier des rêves. Tome 4: L'origine*, Paris, Éditions Delcourt, 1995
- Mathieu, M.A., *Julius Corentin Acquefacques, prisonnier des rêves. Tome 5: La 2,333e dimension*, Paris, Éditions Delcourt, 2004
- Mathieu, M.A., *Mémoire morte*, Paris, Éditions Delcourt, 2000
- Rooy, M. van, "Een lang woord vooraf: Architectuur en strip", in: Hekkema, H. & Rooy, M., *Gebouwd in verbeelding : Het Nederlands Stripmuseum*, Groningen: Xeno, pp. 7-10, 1997
- Tromp, J. & Döll, H., *Toneelschuur: Joost Swarte, Mecanoo Architects*, Rotterdam, NAi Uitgevers, 2003

ESSAY 08

Het wonder van de totale ruimte waarin alles is en wordt

Evelien van Es

ARCHITECTUURBULLETIN N° 03|2007

Evelien van Es (NL, 1966) is architectuurhistoricus en heeft zich gespecialiseerd in naoorlogse architectuur en stedenbouw. Het afgelopen jaar heeft zij als conservator bij het NAi het privé-archief van architect J.B. Bakema geïnventariseerd en raakte gaandeweg gefascineerd door zijn onvoorwaardelijke geloof in de mensheid en zijn tomeloze energie om de mens met zijn omgeving te kunnen laten identificeren. Momenteel bereidt Van Es een onderzoek voor naar de betekenis die Bakema heeft gehad op de Nederlandse samenleving en een hele generatie architecten die onder zijn begeleiding is afgestudeerd en door hem geïnspireerd is geraakt.

Tijdens de inventarisatie van het privé-archief van architect J.B. Bakema (1914-1981) stuitte ik op een overweldigende hoeveelheid vlammende betogen, dynamische schetsen en diagrammen waarmee hij zijn idee over 'het wonder van de totale ruimte' uiteen trachtte te zetten. Bakema leek als geen ander doordrongen te zijn van het effect dat de gebouwde omgeving op het welzijn van de mens heeft. Zoekend en tastend formuleerde en herformuleerde hij de samenhang tussen de mens, zijn gebouwde omgeving en de ruimte. Zijn grootste uitdaging bestond er in om door middel van architectuur de betrekkingen tussen de mensen onderling, en die van elk mens tot de hem omringende oneindige ruimte kenbaar te maken. In zijn boek *Van stoel tot stad, een verhaal over mensen en ruimten* schreef Bakema: 'Zou er niet iets kunnen zijn als een bouwkunst die duidelijk maakt, dat we een samenleving ontwikkelen waarin ieder kan begrijpen hoe we bij elkaar horen in de grote ruimte met sterren, wind en zon en hoe we daarin alleen kunnen zijn?' (Bakema, 1964, p. 53)

Als lid van de zogenoemde 'verloren generatie' die geen idealen heeft en nooit in de maakbaarheid van de samenleving geloofde, voelde ik me in eerste instantie niet erg aangesproken door Bakema's verheven gedachtegoed en de bevlogen wijze waarop hij zijn holistisch wereldbeeld aan de man bracht. Ik wantrouwde bij voorbaat het fysiek determinisme van zijn 'ontmoetingsarchitectuur'. Ondanks mijn flinke dosis gezonde scepsis, kreeg ik wel steeds meer waardering voor de volharding waarmee hij zijn engagement telkens weer in zijn ontwerpen verwerkte. Uit talrijke artikelen en lezingen blijkt Bakema's brede belangstelling voor heel uiteenlopende onderwerpen. Hij ontleende voorbeelden uit de filosofie, literatuur en poëzie, sociologie, gedragsbiologie en natuurkunde (om een greep te doen) en transplanteerde deze voorbeelden op weergaloze wijze naar zijn eigen vakgebied. Het elan waarmee hij zijn publiek bespeelde, begon mij gaandeweg te fascineren. Misschien onder invloed van de tegenwoordig breed gevoerde discussie over normen en waarden die de comeback van maatschappelijk engagement in de vormgeving teweeg heeft gebracht. Misschien is het een kwestie van *Zeitgeist*. Hoe dan ook, Bakema heeft mij aan het denken gezet: er is meer tussen stoel en stad.

De rode draad in de theorievorming van Bakema was zijn conceptie van ruimte. Deze vond zijn oorsprong in het neoplastisch ruimteconcept van De Stijl, waarin ruimte als continuüm wordt opgevat. Bakema ervoer het ruimtecontinuüm voor het eerst toen hij halverwege de jaren '30 het

Fig. 8.1 Kurhausplein Scheveningen 1985

Rietveld-Schröderhuis in Utrecht zag. Al vroeg in zijn carrière ontwikkelde hij het artistieke idee van het neoplastisch ruimteconcept tot het sociale concept van de 'totale ruimte' en bleef er zijn levenlang aan sleutelen.

Behalve de niet te onderschatten werkkampervaringen die Bakema tijdens de Tweede Wereldoorlog opdeed, is de ontwikkeling van zijn engagement in grote mate te danken aan zijn leermeesters. Tot de belangrijkste horen Mart Stam, Wim van Tijen en ook de traditionalist Grandpré Molière. Bakema raakte verwikkeld in de stijlenstrijd tussen de modernisten en de traditionalisten, maar wilde zich bij geen van de partijen aansluiten. Aan beide ideologieën ontleende hij elementen die in zijn synthetische denkwijze goed van pas kwamen. Dat zijn engagement beter aansloot bij het gedachtegoed van de modernisten, bleek uit zijn lidmaatschap van de Rotterdamse architectengroep Opbouw. Bovendien trad Bakema kort na de oorlog als vertegenwoordiger van de jonge generatie architecten toe tot het Congrès Internationaux d'Architecture Moderne (CIAM). Het achtste CIAM-congres dat in 1951 in Engeland werd georganiseerd, had als thema *Het hart van de stad*, kortweg *De Kern*. De Kern, of Core zoals Bakema het zijn verdere leven bleef noemen, werd voorafgaand aan het congres gedefinieerd als het materiële hart van de gemeenschap of de plek waar het gemeenschapsgevoel materieel tot uitdrukking komt. Voor Bakema was Core echter veel meer dan een materieel gegeven. Het was 'creatuurlijke eendracht', ofwel een bewustwording van de wezenlijke samenhang in de maatschappij. In zijn ietwat mystieke opvatting van Core ligt de kiem van zijn hernieuwd gevoel voor ruimte besloten. Onder invloed van Core ontwikkelde Bakema het concept van de 'sociale techniek', waarin beweging de basis is van alle architectonische activiteit. Bakema vatte de stedelijke ruimte op als een continue sociale infrastructuur waarin geen principieel onderscheid tussen stad en gebouw bestond.

In de vroegste ontwikkelingsfase van de sociale techniek werkte Bakema ter overbrugging van de binnen- en buitenruimte een scala aan overgangselementen uit. De eerste duidelijke toepassing van dergelijke overgangselementen is zichtbaar in het ontwerp voor de Lijnbaan in Rotterdam (1948-1953). De Lijnbaan is een stedelijke ruimte die tegelijk openbaar en privé is. Hier is de neutrale openbare ruimte van de straat tot winkelpromenade gemaakt. Eigenlijk is het een gebouw als een straat. De Lijnbaan bestaat uit een serie overgangselementen die de maat van de mens geleidelijk over laat gaan in de maat van de gebouwen links en rechts. De Lijnbaan was aanvankelijk vanwege commerciële overwegingen vormgegeven als een efficiënte circulatiemachine. Pas jaren later verklaarde Bakema het ontwerp vanuit sociale motieven met het beroemde vriendschapsmodel, waarin gebouwen als het ware vriendschap sluiten zoals mensen met elkaar in contact komen via hun kinderen en huisdieren. De kleine elementen zoals de eilandvitrines en de luifels overbruggen de afstand tussen de winkels en uiteindelijk de hoogbouwflats. Het vriendschapsmodel toont de stedelijke samenhang waarin zowel de voetganger als de winkelier, de flatbewoner en de trampassagier zich kunnen identificeren met hun omgeving. En daar was het Bakema om te doen, want de mens bouwt niet alleen om zich van zijn omgeving af te zonderen, hij wil zich er ook mee kunnen identificeren.

In 1963 verscheen in de *Nieuwe Rotterdamse Courant* een interview met Bakema waarin hij het ontwerp voor de Lijnbaan opnieuw toelichtte, deze keer aan de hand van het boek *The Death and Life of Great American Cities* (1961) van Jane Jacobs. Dit boek was een harde aanklacht tegen de functionalistische stedenbouw in de Verenigde Staten. Het ging Jacobs niet om hoog- of laagbouw, dat was slechts een kwestie van techniek. Ze ageerde tegen het antistedelijke principe van

Fig. 8.2 Vriendschapsmodel

de functionalistische stedenbouw dat de stad uiteindelijk de das om zou doen: de scheiding der functies. In haar pleidooi voor de menging van functies en het streven naar verscheidenheid, herkende Bakema zijn zoeken naar de wisselwerking tussen de mens en zijn omgeving. Zijn concept van de sociale techniek onderging onder invloed van Jacobs enige modificatie. De hiërarchie en de functionele ordening van de onderdelen werd losgelaten. In het diagram 'Vervlechting van ruimten en functies' schetste Bakema in een historisch overzicht hoe de overlapping van functies de grens tussen de privé-ruimte en de collectieve ruimte uiteindelijk heeft vervaagd. Bakema dacht dat de ruimtelijke uitbreiding van de functies wonen, werken, recreatie en verkeer op den duur tot overlapping zou leiden, waardoor een totale ruimte zou ontstaan. Een ruimte waarmee de mens zich

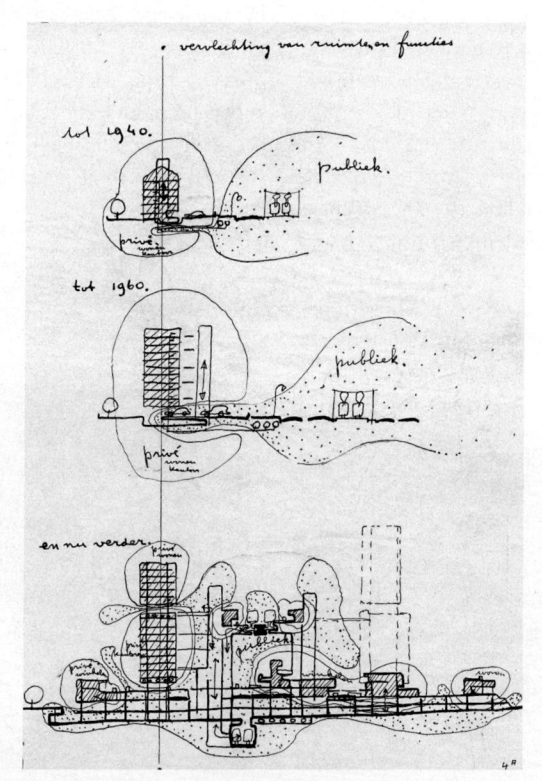

Fig. 8.3 Vervlechting van ruimten en functies

weer zou kunnen identificeren door het beleven van samenhang en zinvolle diversiteit. Overgangsvormen gaven de menselijke perceptie het vermogen om ruimte en tijd te registreren. Overlapping of vervlechting van functies gaf de mens het vermogen om de samenhang van ruimte en tijd te beleven.

Bakema demonstreerde in *Van stoel tot stad, een verhaal over mensen en ruimte* herhaaldelijk het principe van de vervlechting van de functies. Maar op welke wijze dacht hij de functies uit te breiden zodat ze in de gebouwde omgeving daadwerkelijk in elkaar over zouden vloeien? Ik heb twee voorbeelden gevonden waarin het principe op een begrijpelijke wijze is te herleiden tot de gebouwde vorm: het masterplan voor de badplaats Scheveningen (1973) en de Centrale Bibliotheek in Rotterdam (1977-1983). Het eerste is een stedelijke ruimte die Bakema opvatte als gebouw, het tweede is een gebouw opgevat als stedelijke ruimte.

Het Gevers Deynootplein in Scheveningen dat al sinds de aanleg een doorn in het oog van de Haagse stedenbouwkundige dienst vormde, kwam in het begin van de jaren '70 onder supervisie van Bakema te staan. Het voor het Kurhaus gelegen Gevers Deynootplein was te groot en te tochtig en werd uitsluitend voor verkeersdoeleinden aangewend. Het was niet bepaald de feestelijke ruimte om badgasten mee te ontvangen. Om het gebied rond het Kurhaus een harmonisch geheel te laten vormen, ontwikkelde Bakema voor dit gebied een stelsel van openbare ruimtes die hij als buitenkamer, binnenkamer en huiskamer opvatte. De collectieve buitenruimte krijgt hier de betekenis van een interieur. In de uitwerking van het concept herkennen we het dalprofiel van de Lijnbaan. Het middelpunt van het profiel wordt gevormd door het besloten plein voor het Kurhaus, als ware het een ontvangsthof. Het Gevers Deynootplein verloor zijn oorspronkelijke functie en werd een intiem verblijfsplein. Volgens Bakema's stelsel is dit verblijfsplein een binnenkamer.

Fig. 8.4 Exterieur Openbare Bibliotheek Rotterdam

Fig. 8.5 Interieur Openbare Bibliotheek Rotterdam

De Kurzaal is de huiskamer. De ruimte rond het Kurhaus en het plein met de in hoogte oplopende bebouwing, de strandboulevard, en de overdekte wandelroutes vormen de buitenkamer. Bakema kon de Kurzaal niet los zien van de strandboulevard. Door de grenzen te verschuiven en de overgangen tussen de functies te vervagen, wilde hij de samenhang tussen de verschillende ruimtes tonen.

In de Centrale Bibliotheek in Rotterdam keerde hij het ruimtebesef van zowel de Lijnbaan als de omgeving van het Kurhaus binnenstebuiten. Het interieur van de bibliotheek is als een buitenruimte vormgegeven. Het middelpunt van het gebouw is een grote aula met een vide, een grote lege ruimte waaromheen over meerdere verdiepingen de leeszalen zijn gegroepeerd met her en der hoekjes ieder met een andere sfeer. De vide is het stadsplein, de roltrappen en de leeszalen zijn de straten. In het lyrisch jargon van Bakema zou zelfs over de werelden die achter de boekruggen in de boekenkasten schuilgaan, nog veel te zeggen zijn. De bibliotheek die volgens het ontwerp uitgerust had moeten worden met aangrenzende woningen en besloten binnenpleintjes, was niet zozeer een gebouw, maar een reeks overgangen tussen de openbaarheid van de bibliotheek naar de beslotenheid van de aangrenzende woningen. Vanuit het binnenplein in de bibliotheek is het concept van de interieure buitenruimtes voelbaar, maar aan het exterieur valt die vervloeiing niet meer waar te nemen.

Deze voorbeelden laten zien dat het principe van de vervlechting van de functies en daarmee de vervloeiing van de ruimtes een werkbaar concept voor de collectieve ruimte is. Als de grenzen tussen de privéruimte en de collectieve ruimte daadwerkelijk gaan verschuiven en vervagen, dan moet de gebruiker wel bereid zijn een deel van zijn privacy in te leveren. Het vereist dus een actieve deelname van de gebruiker. Maar Bakema zou Bakema niet zijn als hij dat bijzondere offer niet wist te compenseren. Enkele dagen voor zijn dood schetste Bakema op verzoek van Jürgen Joedicke, hoogleraar aan de universiteit van Stuttgart, een woningplattegrond die als een prototype tussen de modelwoningen in de Weissenhofsiedlung zou kunnen staan. Deze plattegrond heeft de vorm van een slakkenhuis. De collectieve ruimte vervloeit binnen de plattegrond in de privéruimte. In de kern van de woning bevindt zich onder

Fig. 8.6 Lijnbaan, Rotterdam begin jaren '50

een groot daklicht de belangrijkste ruimte waar de mens allerindividueelst kan zijn.

Bakema was een architect met allesomvattende ideeën, een bijzonder mystiek gevoel en een hoog moreel besef. Hij werkte aan de 'visualisatie' van een nieuw wereldbeeld. Daartoe was de realisatie van zijn ontwerpen alleen niet voldoende. Het ging hem om de uitstraling van ideeën en de verspreiding van een mentaliteit. Bakema's dynamische theorievorming leek eerder uit te zijn op het registreren van existentiële en maatschappelijke trillingen, dan op het formuleren van een indringende formele kritiek. Hij baseerde zijn ideeën op een actueel besef van ruimte en probeerde op de toekomstige veranderingen van dit besef te anticiperen. Want dat het ruimtebesef veranderlijk was, dat stond voor Bakema vast. De wereld raakte door de zich in hoog tempo ontwikkelende communicatietechnieken steeds meer binnen handbereik en dit noodzaakte de mens telkens opnieuw zijn plek in de wereld te bepalen. Het gevoel voor ruimte moest daarom ook voortdurend bijgesteld worden. Bakema heeft nooit geprobeerd sluitende definities te geven van ruimte, privéruimte of de collectieve ruimte. Zijn gevoel voor ruimte wist hij echter goed over te brengen. Bakema zou op deze plek kunnen volstaan met een citaat van de filosoof Bergson: 'Je constate d'abord que je passe d'état en d'état'. De ruimte als toestand, een continu durende overgang tussen het allerindividueelste van de privéruimte naar het egalitaire domein van de collectieve ruimte.

Bakema realiseerde zich heel goed dat veel van zijn ontwerpen zelden volgens het oorspronkelijke idee uitgevoerd konden worden. Eigenlijk was Bakema al heel tevreden als hij in het uiteindelijke resultaat iets van zijn bedoeling terug kon vinden. Ieder beetje, al was het maar tien procent, beschouwde hij als een overwinning. In zijn inaugurele rede voor de Technische Hogeschool in Delft verwoordde Bakema dat als volgt: 'Degene die nu een architectuurstudie kiest, zal zich vóór alles moeten oefenen in het zichtbaar maken van samenlevingsproblemen zonder te mogen verwachten dat zijn geschetste oplossingen onmiddellijk gebouwd zullen worden.' (Bakema, 1964, p. 21).

BRONNEN:
- Baeten, J.-P., *Een telefooncel op de Lijnbaan. De traditie van een architectuurbureau.* M. Brinkman, Brinkman en Van der Vlugt, Van den Broek en Bakema, Rotterdam, p. 49, 1995
- Bakema, J.B., *Naar een samenlevingsarchitectuur* [Inaugurele rede Technische Hogeschool Delft], Delft, 1964
- Bakema, J.B., *Van stoel tot stad. Een verhaal over mensen en ruimte*, Zeist/Antwerpen, 1964
- 'Dood en leven van de grote steden. Jane Jacobs luidde de klok', In: *Nieuwe Rotterdamse Courant*, 17 mei 1963, p. 11
- 'Drempel en ontmoeting: de gestalte van het tussen', In: *Forum*, 14/8, p. 265-277, 1959
- Kurhausplein Scheveningen. *Nota planvorming*, Den Haag, 1975
- Strauven, F., 'Bakema', In: *Forum*, 34/3, p. 19-29, 1990
- Ven, C. van der, 'De laatste werken van de architectengemeenschap Van den Broek en Bakema (1970-1980)', In: *Plan* 11/8, p.14-41, 1980
- Visser, W., 'Plaats voor de voetganger en het vriendschapsmodel', In: *Forum* 34/3,, p. 31-33, 1990
- 'De plannen ter discussie. Toelichting programma van eisen 'Op weg naar een nieuwe bibliotheek', *Wonen-TA/BK*, nr 9, p. 9-27, 1979

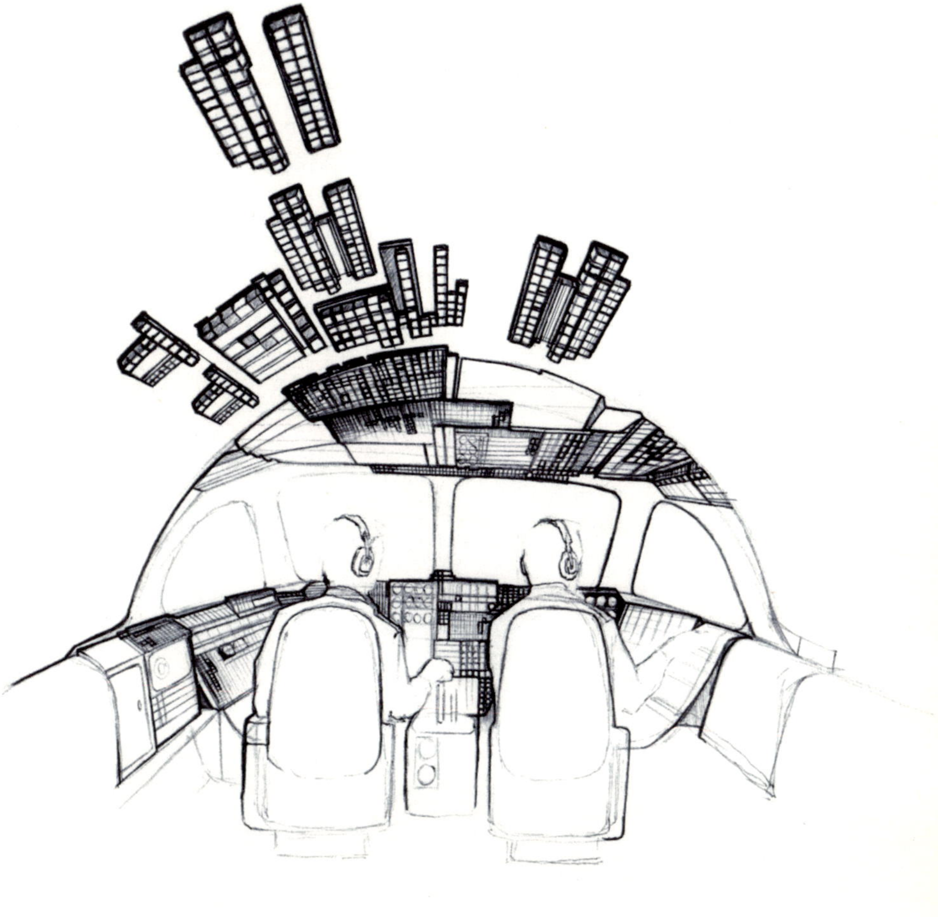

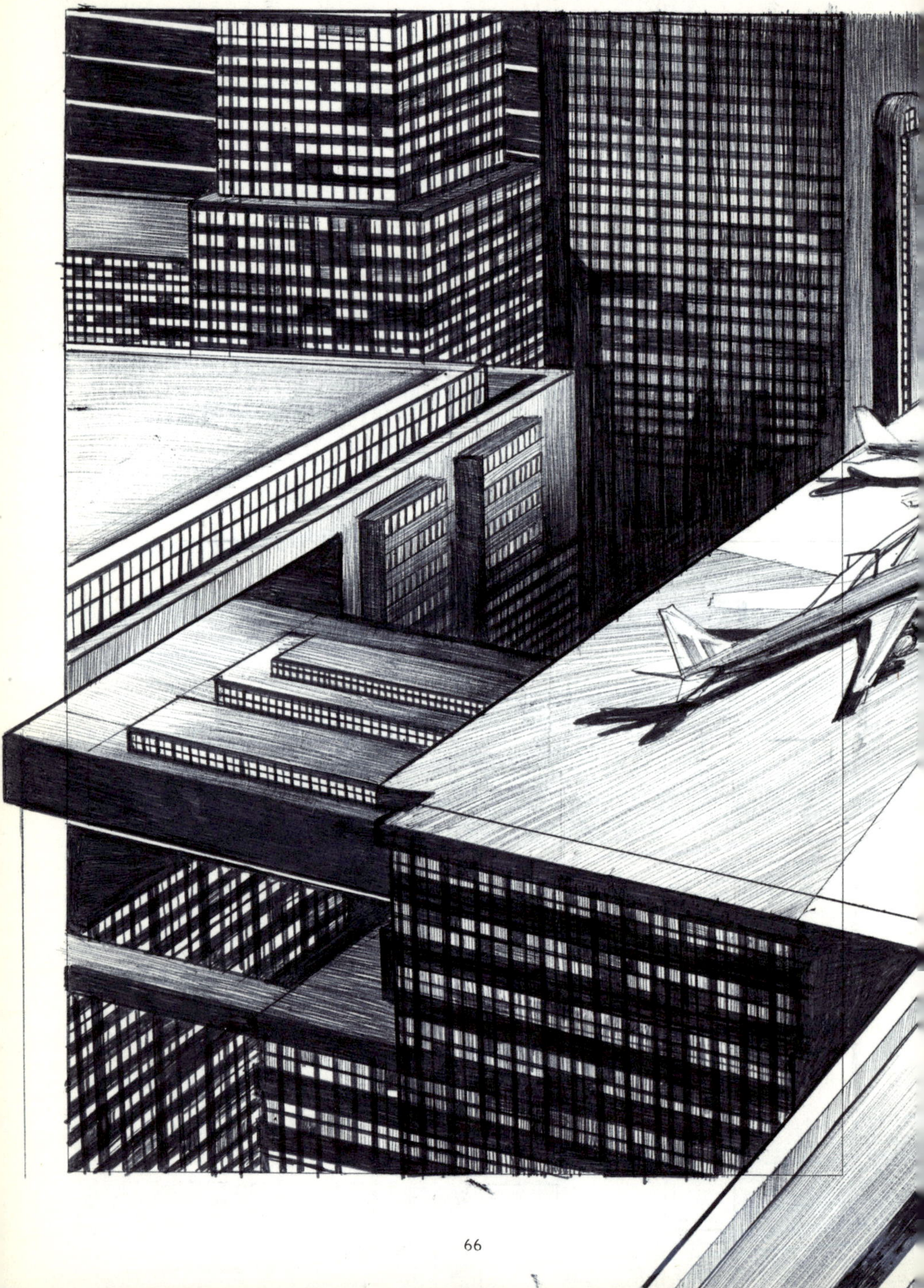

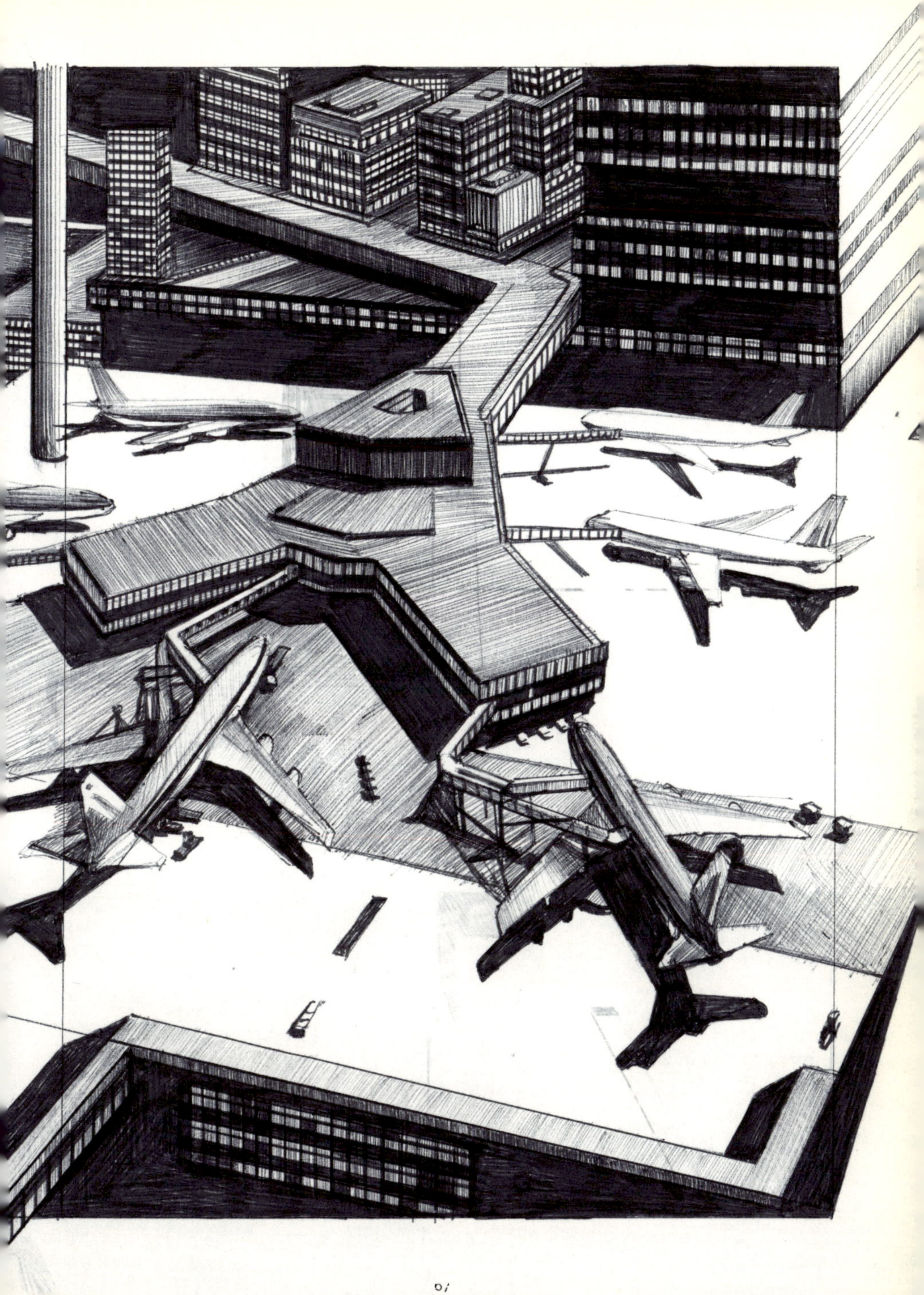

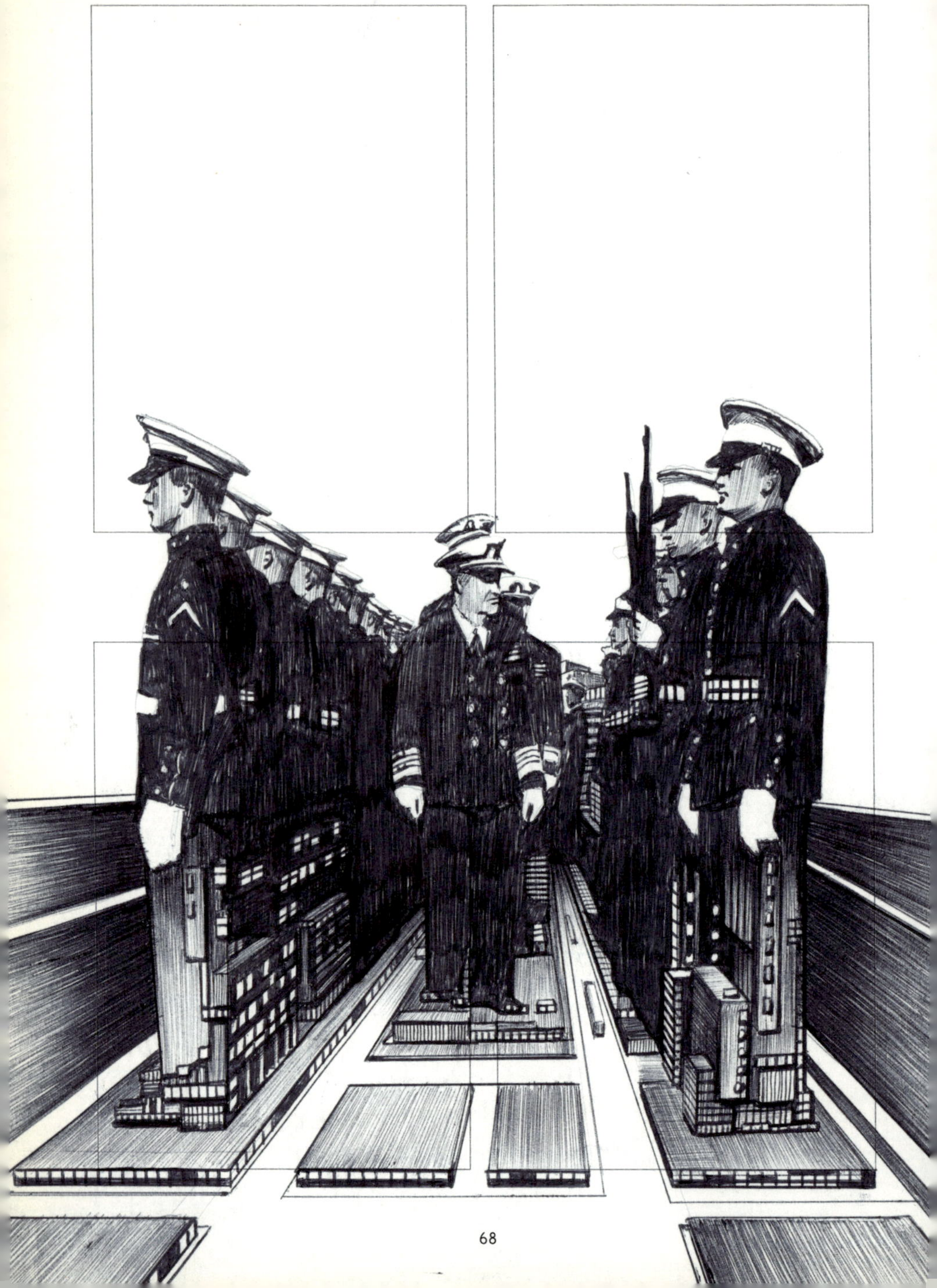

ESSAY 09
Jeanne van Heeswijk
Dennis Kaspori

Kunnen we dat wel serieus nemen?
culturele interventies als basis voor stedelijke ontwikkeling

ARCHITECTUURBULLETIN N° 03|2007

Jeanne van Heeswijk (NL, 1965) en Dennis Kaspori (NL, 1972) werken samen aan projecten in de stedelijke vernieuwing waarin zij diverse vormen van participatie onderzoeken. Van Heeswijk, kunstenares, ziet zichzelf als mediator, of intermediair tussen situaties, ruimtes, woonbuurten en de mensen die er gebruik van maken. Kaspori zoekt naar een vergelijkbare rol als architect (hij is oprichter van The Maze Corporation) door te zoeken naar nieuwe ruimtelijke oplossingen, alternatieve organisatiemodellen en instrumenten die een brede participatie binnen de ruimtelijke planvorming mogelijk maken.

Culturele interventies lijken vooral een probaat middel om de pijnlijke processen van de stedelijke vernieuwing iets draaglijker te maken. Door hierin samen te werken met bewoners kan men zelfs zorgen voor nog wat extra afleiding en vertier. Maar de gedachte dat deze culturele interventies een proces van inclusieve stedenbouw in gang kunnen zetten, leidt niet zelden tot onbegrip en ongeloof.

Stedelijke vernieuwing is vaak een bron van conflict tussen bewoners, ontwikkelaars en overheid. In het hart van de processen van stedelijke vernieuwing, en dan vooral die waarin het stedelijke leven wringt, zijn culturele interventies vaak de enige manier waarop opnieuw betrokkenheid bij deze processen gegenereerd kan worden.

Dat geldt net zo goed voor de herstructureringsgebieden als voor onze zo geroemde Vinexwijken, die zo nu en dan al op cynische toon als de herstructureringsgebieden van de toekomst worden bestempeld.

De problematiek van deze wijken is algemeen bekend: een eenzijdige en weinig kapitaalkrachtige bevolkingssamenstelling, eenzijdige woningvoorraad en een grote doorstroom. De standaardoplossing is het bouwen van dure woningen zodat een grotere variatie aan inkomensgroepen zich in de wijk zal gaan vestigen. Echter, dit model van differentiatie om meer gemeenschapszin te creëren, is ontoereikend, omdat het gebaseerd is op veronderstellingen, van vooral de overheid, over hoe het openbare leven in elkaar zit.

"Grootschalige stedelijke vernieuwing van naoorlogse wijken gaat soms ten koste van sociaal zwakkeren" (Kullberg, 2006), zo schrijft onderzoeker Jeanet Kullberg van het Sociaal en Cultureel Planbureau in haar essay 'De tekentafel neemt de wijk'. Er komen duurdere huizen in achterstandswijken (of een rijtje sociale woningen in een blok vol peperdure koopwoningen, zoals op IJburg), de nette middenklasse mag het goede voorbeeld geven aan minder bedeelden. Mooi toch? Natuurlijk, ideologieën over 'social engineering' bestonden ook in de vorige eeuw al. In de vooroorlogse tuinsteden werd een tuin beschouwd als probaat middel tegen luiheid en drankzucht. In de volkswoningen van Berlage zaten kleine ramen, om een einde te maken aan het uit het raam hangen en met buren praten. Arbeiders moesten in plaats daarvan achter de studeertafel. Dit zijn natuurlijk achterhaalde ideeën. Maar de gedachte van sociale maakbaarheid leeft nog steeds. Een van de doelen van de huidige massale sloop en nieuwbouw in de naoorlogse wijken is het aantrekken van een middenklasse waaraan de huidige bewoners zich kunnen optrekken. Maar zo maakbaar is de samenleving niet.

We zouden ons misschien eens moeten afvragen of we, wanneer we deze enorme stedelijke vernieuwingsopgave daadwerkelijk als een maatschappelijke opgave beschouwen, niet moeten beginnen vanuit de publieke ruimte. Daarmee bedoelen we niet het verouderde begrip 'openbare ruimte'. Juist als men over openbare ruimte praat, wordt vaak de fysieke ruimte bedoeld. Het publieke domein is meer dan dat: het is de fysieke ruimte, de sociale interactie, de media en de communicatiemiddelen; deze zaken bepalen samen

Fig. 9.1 Face Your World, StedelijkLab Slotervaart Amsterdam 2005, Jeanne van Heeswijk & Dennis Kaspori Presentatie Voorlopig Ontwerp
foto: Dennis Kaspori

iemands leefomgeving. Het gaat om de ruimte waarin mensen leven, maar vooral ook om de relaties tot elkaar in die ruimte. Betrokkenheid, oftewel mensen weer in staat stellen zich te bemoeien met de complexe en abstracte processen van de stedelijke vernieuwing, kan alleen maar tot stand komen in het publieke domein.

Deze betrokkenheid is onlosmakelijk verbonden met het idee van publiek domein. Maarten Hajer en Arnold Reijndorp definiëren publiek domein als die plaatsen waar een uitwisseling tussen verschillende maatschappelijke groepen kan plaatsvinden en ook daadwerkelijk plaatsvindt: "De verschuiving naar een cultureel-geografische benadering impliceert het loslaten van het idee van eenduidigheid bij het bepalen van de waarde of betekenis van ruimten. De kern van een culturele geografie bestaat juist in de analyse van de meerduidigheid, of, in meer politieke termen, de strijd die zich afspeelt om verschillende betekenissen. Het vormgeven van publiek domein kan dan een kwestie zijn van het uitlokken van ongedwongen manifestaties van diversiteit en het vermijden van interventies gericht op het onmogelijk maken daarvan." (Hajer, 2001 p.37) Het publieke domein is volgens hen in eerste instantie dan ook een (culturele) ervaring. Vanuit deze gedachte willen wij pleiten voor een radicale omkering van het planningsproces. We moeten het publieke domein niet langer beschouwen als het resultaat van louter economische en juridische afwegingen maar het gaan zien en gebruiken als de (per)formatieve basis van een gemeenschap in wording.

Het is juist deze opvatting over publiek domein die volledig blijft liggen. De huidige politiek van repressie is namelijk niet langer in overeenstemming met de vanzelfsprekendheid waarmee wij nog steeds over publiek domein spreken. Het publieke domein is niet langer een gegeven, een recht waarop we ons zomaar kunnen beroepen. Het wordt daarom tijd dat we het publieke domein gaan beschouwen als een praktijk. Publiek domein moet gecreëerd worden, moet gestalte krijgen. Vanuit dit perspectief van een publiek domein als een creatieve praktijk wordt het interessant, welke initiatieven er vanuit de praktijk van de kunst en architectuur genomen worden om dat publieke domein gestalte te geven.

Henk Oosterling geeft in de tekst *Grootstedelijke reflecties, de verbeelding van de openbare ruimte* aan dat het mogelijk is de relatie tussen kunst en publiek domein op verschillende manieren te doordenken. Uiteindelijk komt hij tot de conclusie dat het zelfs mogelijk moet zijn kunst als publiek domein te zien: "Kunst zet openbaarheid in werking. Het oriëntatiepunt blijkt voor alles een gemeenschapservaring waarin de eerder genoemde spanningsvelden [lichaam/geest, tijd/ruimte, privé/publiek, fysiek/virtueel, lokaal/globaal, vreemd/eigen, dk] worden gereflecteerd. Niet een al gegeven identiteit is daarbij uitgangspunt, maar een esthetische sensibiliteit ten aanzien van tijd-ruimtelijk gesitueerde verschillen. Inzicht krijgen in deze diversiteit vergt zowel een materiële als conceptuele reflectie. [...] Zo zoekt het werk niet zijn plaats, maar bewerkstelligt het veeleer verplaatsing. Het creëert door zijn reflectiviteit nieuwe ruimten binnen al bestaande openbare ruimten. Deze worden getransformeerd." (Oosterling, 2002 p.11) Binnen dit kader worden de artistieke en architectonische praktijken vooral aangesproken op hun vermogen ruimte te scheppen voor de totstandkoming en ontwikkeling van een gemeenschap, en deze tevens te verbeelden.

Hiertoe is het belangrijk contexten voor interactie in publieke ruimten te creëren die mensen actief aanmoedigen deel te nemen aan de processen van stedelijke vernieuwing, waardoor zij in de toekomst meer controle over hun omgeving hebben. In de uitwisseling kan een breed gedragen en integraal idee over samenleven in de buurt ontstaan. Daarvoor is het belangrijk een antwoord te vinden op de terugkerende vragen: hoe grijp je in een gegeven situatie op zo'n manier in dat de betrokken mensen het aantal en de intensiteit van hun banden kunnen vergroten? Hoe genereer je een proces dat de randvoorwaarden schept voor alternatieve verbindingen en ongekende verbanden die nieuwe ervaringen en betekenissen mogelijk maken? Hoe de stedelijke krachten te bundelen zodat je plekken kan ontwikkelen waar intieme sociale en formele situaties kunnen samenkomen? Culturele interventies zoals 'De Strip' in Vlaardingen[1] en 'Face Your World StedelijkLab' in Amsterdam-Slotervaart zijn zo opgezet dat ze culturele productie stimuleren en ontwikkelen, en in het verlengde hiervan 'nieuwe' publieke ruimten kunnen maken of bestaande herontwikkelen.

Kortom, cultuur is niet langer het sausje waarmee we de stedelijke ontwikkeling kunnen verfraaien, waarmee we de jarenlange onzekerheid voor de bewoners wat draaglijker kunnen maken. Ook al wordt daar meestal nog anders over gedacht, cultuur staat aan de basis van een inclusieve vorm van stedelijke vernieuwing. Volgens Maarten Hajer en Arnold Reijndorp draait publiek domein om de ervaring van culturele mobiliteit: "Om de mogelijkheid zaken anders te zien, de presentatie van nieuwe perspectieven, de confrontatie met eigen ingesleten patronen ook. Gedwongen worden tot aanpassing past niet in dit perspectief van een goed functionerend publiek domein. Uitgedaagd worden om jezelf tot anderen te verhouden wel." (Hajer, 2001 p.116)

Precies dan wanneer een gemeenschap zichzelf vorm begint te geven, haar eigen stem en esthetiek begint te articuleren, zichzelf begint te organiseren, wordt duidelijk dat ze weet wat ze werkelijk wil met haar omgeving. Met het stimuleren van dit proces lukt het ons misschien instrumenten door te geven die het mogelijk maken gezamenlijk onze leefwereld opnieuw vorm te geven. Onze pogingen van stedelijke vernieuwing zijn gedoemd te mislukken, zolang we onze praktijk niet kritisch

Fig. 9.2 Het Blauwe Huis Amsterdam 2006, Jeanne van Heeswijk & Dennis Kaspori, Ontwerp: TKA
foto: Irene den Hartoog

bekijken en nadenken over de vraag hoe het potentieel binnen gemeenschappen aan open dialoog, communicatie en gemeenschappelijk handelen te maximaliseren. De sleutel hiertoe is dan het creëren en implementeren van een infrastructuur of netwerk van ondersteuning, dat een dergelijke dialoog kan onderhouden en de voorwaarden kan scheppen voor een meer inclusieve vorm van stedelijke vernieuwing.

Case 1:
FACE YOUR WORLD, STEDELIJKLAB,
AMSTERDAM-SLOTERVAART

Voor het project Face Your World Slotervaart zijn specifieke software (de Interactor) én werkplek (het StedelijkLab) ontwikkeld met als doel mensen instrumenten te bieden waarmee zij naar hun leefomgeving kunnen kijken en waarmee ze deze omgeving ook kunnen aanpassen. Face Your World betekent: Sta stil in je wereld, kijk naar je wereld en maak de wereld de jouwe; geef het een gezicht. Daarmee vraagt FYW van mensen in gebieden die stedelijke vernieuwing ondergaan om kritisch te kijken naar hun leefomgeving. Dit zijn mensen van diverse culturele achtergronden, die normaal niet zo snel deelnemen aan degelijke processen. FYW verleidt ze en daagt ze uit het heft in eigen handen te nemen. Hiermee wordt niet alleen hun kijk op de wereld vergroot, maar ook de invloed die ze erop uitoefenen. Het gaat vooral niet om het vormgeven/maken van een vooraf vastgesteld object door de buurt zelf. Face Your World is een experimenteel ontwerpproces waarin bewoners gefaciliteerd worden om zelf beeld te geven (zowel in vorm als programma) aan hun leefomgeving. Dit gebeurt in de vorm van een dialoog waarin jongeren, bewoners, ontwerpers, gemeente en andere betrokkenen in gesprek gaan over de opdracht.

De Interactor en het StedelijkLab staan daarmee aan de basis van een proces dat verder gaat dan de traditionele participatie. De Interactor stelt de gebruikers in staat om in een netwerkomgeving zelf hun wijk in te richten en te veranderen. De Interactor bevat een fotorealistische 3D weergave van hun directe omgeving. Doordat alle spelers zich tegelijkertijd in dezelfde wereld bevinden, moeten zij met elkaar communiceren, onderhandelen en samenwerken om tot een goed resultaat te kunnen komen. Door het op een creatieve manier samen laten komen van verschillende belangen die een rol spelen binnen ontwerpprocessen, krijgen de spelers inzicht in gemeenschappelijke belangen. In een aantal stadia kan men het volledige ontwerpproces van verkennen, schetsen, overleggen en ontwerpen doorlopen. Met behulp van een pencam, een digitale fotocamera, kunnen de gebruikers er ook zelf elementen aan toevoegen die nog ontbreken of die voor hen belangrijk zijn.

Daarnaast had Face Your World Slotervaart gedurende de periode van januari tot en met juli 2005 de beschikking over een lege gymzaal die op de plek staat waar in de toekomst de Brede School zal komen te staan. Dit gaf de mogelijkheid om op locatie te kunnen werken. De gymzaal is daartoe omgevormd tot Stedelijklab: een plaats waar met scholieren, buurtbewoners en andere betrokken partijen gediscussieerd en gewerkt kon worden aan het ontwerp van het park. Face Your World StedelijkLab behandelt een aantal in zichzelf al complexe vraagstukken, zoals stedelijke vernieuwing, praktijkeducatie, buurtparticipatie en de rol van kunst in de openbare ruimte, en probeert deze vraagstukken met elkaar te verweven binnen de concrete context van een ontwerpopgave.

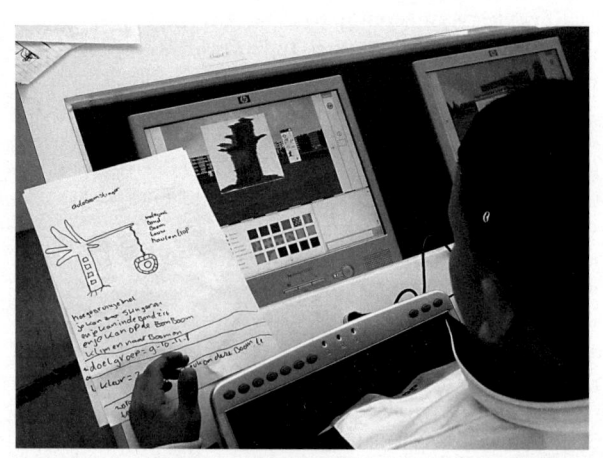

Fig. 9.3 Face Your World, StedelijkLab Slotervaart Amsterdam 2005, Jeanne van Heeswijk & Dennis Kaspori Ontwerpen 'Doe groen'
foto: Dennis Kaspori

Na de afronding van de ontwerpfase in het StedelijkLab werd een vervolgtraject opgestart onder de noemer Stedelijke Werkplaatsen. Dit traject heeft als doel de betrokkenheid van de buurt te continueren in de tijd die nodig is om het park uit te voeren. De Stedelijke Werkplaats is een model voor het produceren van openbare ruimte op locatie. Momenteel wordt hard gewerkt aan de grootschalige vernieuwing van talloze wijken. Dit is een enorme operatie die een flinke invloed heeft op de betreffende wijken, maar waarbij bewoners zelden nauw worden betrokken. Echter, in veel gevallen is een substantieel deel van de bewoners opgeleid als bekwame vaklui of zouden ze dat kunnen worden. Door hen te betrekken bij de totstandkoming van de openbare ruimte van hun wijk ontstaat een leer- en werktraject binnen de wijk, dat ook direct zichtbaar wordt. De Stedelijke Werkplaats is een open plek waarin cultuur, economie en onderwijs worden ingezet voor het stimuleren van de economische zelfstandigheid en het culturele zelfbewustzijn van de wijk.

Case 2:
HET BLAUWE HUIS,
PARADE DER STEDELIJKHEID,
AMSTERDAM-IJBURG

Naar aanleiding van een opdracht voor kunst in de openbare ruimte wilde Jeanne van Heeswijk een blauwe villa midden in Blok 35 voor een aantal jaren aan de markt onttrekken en opzetten als een huis voor het 'niet-geregelde'. Door zijn ligging op IJburg (een artificieel gecreëerd eiland) als onderdeel van de Vinexwijk die er gebouwd wordt, is het Blauwe Huis het ideale platform voor praktijkonderzoek naar de wijze waarop zo'n wijk vorm krijgt en de manier waarop mensen de openbare ruimte gebruiken, toe-eigenen en veranderen. Blok 35 is één van de eerste gerealiseerde plekken op IJburg. Het Blauwe Huis kan hierdoor de ontwikkeling van IJburg en de ontwikkeling van deze nieuwe gemeenschap op de voet volgen, en is een ideale uitvalsbasis van waaruit het ontstaan van de culturele en landschappelijke omgeving beïnvloed wordt. Deze combinatie van locatie en moment in de tijd, gekoppeld aan de mogelijkheid om tijdelijk medebewoner van IJburg te worden, biedt de bewoners van het huis een ideaal platform voor het onderzoeken, ingrijpen en mede vormgeven van de openbare ruimte op IJburg.

Als bewoners van het Blauwe Huis hebben architect Dennis Kaspori en kunstenaar Jeanne van Heeswijk besloten een onderzoek te starten naar de mogelijkheden van stedelijke acupunctuur met als titel 'Parade der Stedelijkheid'. Mobiele en tijdelijke infrastructuren, zoals ambulante handel of tijdelijke voorzieningen, kunnen de doctrine van segregatie en monofunctionaliteit waarop veel uitbreidingswijken van de afgelopen decennia gebaseerd zijn, doorbreken zonder dat dit grootschalige stedenbouwkundige ingrepen vereist. Tevens kunnen deze infrastructuren een antwoord bieden voor het volledig ontbreken van voorzieningen in de eerste 'levensjaren' van IJburg. Ze functioneren als een soort acupunctuur door op kleinschalige, maar doelgerichte wijze het openbare leven in deze wijken op gang te brengen en het voorzieningenniveau op peil te brengen. Deze 'instante stedelijkheid' kan daar opereren, waar het nodig is, en legt verbanden door op verschillende plekken aanwezig te zijn.

Uit het vooronderzoek dat is uitgevoerd in het kader van Parade der Stedelijkheid, blijkt een grote behoefte aan een plek voor collectieve voorzieningen en culturele uitwisseling. Het Blauwe Huis fungeert intussen al als gastheer voor een kinderbibliotheek (iedere woensdagmiddag), een bloemenkraam (iedere zaterdag), een buurtcafé (iedere zaterdag) en een wijkrestaurant (om de week op donderdagavond). De bloemenstal bijvoorbeeld is een initiatief van Nicoline Koek. Zij wil al langere tijd graag een bloemenstal op IJburg. Zij is ook in het bezit van een ventvergunning en heeft daarnaast een mobiele kraam laten ontwikkelen waarmee zij haar bloemen kan vervoeren en verkopen. Het enige dat zij echter niet heeft is een standplaats. Het is haar de afgelopen jaren niet gelukt deze te bemachtigen, omdat men dit vooralsnog tegenhoudt: de ontwikkelaars willen eerst de commerciële ruimten die op IJburg zijn of worden gerealiseerd verhuren. Het gevolg is dat er tot op heden op dit gebied nog geen officieel beleid is en er dus geen beslissingen worden genomen. Het Blauwe Huis bezit bij zijn voordeur echter een stukje private (maar publiek toegankelijke!) grond als gevolg van een overstekende bovenverdieping. Nicoline Koek gebruikt deze ruimte nu al een aantal maanden op zaterdag voor haar bloemenstal.

NOTEN:

1 De Strip, Westwijk, Vlaardingen (2002-2004). Een leegstaande winkelstrip (in de plint van een flatgebouw) werd omgevormd om verschillende culturele activiteiten een plek te geven. Dependances van museum Boijmans Van Beuningen en Showroom mama, studio's voor kunstenaars, Peter Westenbergs Uit+Thuis Videomagazijn en een informatiecentrum bepaalden gedurende 18 maanden de aanblik van de gedeeltelijk leegstaande flat. Zo was er het lokale tv station www.worldwideweb.nl voor en door bewoners, dachten kunstenaars samen met de bewoners na over de toekomst van Westwijk en vonden in het museumcafé activiteiten, georganiseerd door de bewoners plaats. De Strip werd de centrale ontmoetingsplek in de wijk.

BRONNEN:

– Kullberg J., *De tekentafel neemt de wijk. Beloften en beperkingen in de herstructurering van buurten*, Den Haag, Sociaal en Cultureel Planbureau, 2006
– Hajer M., Reijndorp A., *Op zoek naar nieuw publiek domein Analyse en strategie*, Rotterdam, 2001
– Oosterling, H., 'Grootstedelijke Reflecties (1999), De verbeelding van de openbare ruimte', in: *Interakta #5, Grootstedelijke reflecties over kunst en openbare ruimte*, Rotterdam, 2002

HAD KAREL APPEL TOCH GELIJK?

Wim Quist

Essay 10

ARCHITECTUURBULLETIN N° 03|2007

Wim Quist (NL, 1930) heeft als architect een indrukwekkend oeuvre opgebouwd. In zijn werken, waaronder een aantal musea als Beelden aan zee in Scheveningen, het Maritiem Museum in Rotterdam en het Cobra Museum in Amstelveen is hij altijd op zoek naar de essentie van het architectonische ontwerp. Quist was in de periode 1974 tot 1979 Rijksbouwmeester. Dit betoog is een bewerking van een lezing in het kader van de reeks architect@nai.

Inleiding

Een architect mag zich nergens te goed voor voelen en wordt geacht aandacht te besteden aan alle aspecten van het vak, tot na de ingebruikname van zijn ontwerp. Dat hij moet kunnen ontwerpen sprak van zelf en kennis van de architectonische canon zag mijn leermeester Wegener Sleeswijk als impliciet bij het werk. Zo werd het mij geleerd, dat architectuur zowel een innerlijke als een contextuele noodzakelijkheid heeft die in de opgave ligt besloten. Soms denk ik dat die opvatting vandaag de dag er niet meer toe doet. Wil de architect het niet meer, kàn de architect het niet meer of màg de architect het niet meer. Trouwens, wat zou ik er nu nog van terecht brengen in een beroepspraktijk waar management een doel op zichzelf is geworden, doorspekt met cursustaal en de prioriteiten buiten de opgave worden gesteld.

Een schilder weet precies wat hij met zijn materiaal kan doen en hoge artistieke kwaliteit gaat veelal gepaard met een uitzonderlijke beheersing van het metier. In ons beroep komt dit soort vakmanschap steeds minder voor. Toen Karel Appel zijn bekende uitspraak deed "Ik rotzooi maar wat aan" bedoelde hij dat een schilder niet objectief over de inhoud en de betekenis van eigen werk kan spreken. Zo gezien was het een voorbeeldige poging tot zuiverheid, een kunstenaar waardig. Een artikel over eigen werk houdt in dat de maker terugkijkt, zichzelf bloot geeft. Ik neem daarbij Appel als voorbeeld maar probeer wel iets duidelijker te zijn.

Overwegingen

Als eigen werk beschouw ik in het kader van dit artikel alleen gerealiseerd werk, dat door de tijd is gelouterd en dat het maakproces heeft doorstaan.
Dat is niet zo vanzelfsprekend. De schilder Co Westerik zei eens: "Ik hoop dat het schilderij het maakproces doorkomt." Het ontwerp voor een schilderij had alleen voor hem betekenis. De andere realiteit, die van de architectonische visies laat ik als l'art pour l'art buiten beschouwing. Voor mij zijn het meer speculaties dan dromen, waarvoor de verleidingstechnieken uit de con-

sumentenmarkt model hebben gestaan. Visies zijn (nog) geen architectuur. Misschien later als ze zijn uitgegroeid tot materiele ruimten welke wij met onze zintuigen kunnen aftasten. De architect moet ook dan zijn uitleg beperken tot het waarom en het hoe en het waardeoordeel aan anderen overlaten. Een goed gebouw voelt goed, je kunt zelfs zeggen dat het goed hoort, een eigen klank heeft. Zó spreekt architectuur. Daar kunnen de woorden van de ontwerper weinig aan toedoen. Bovendien vraag ik mij het volgende af. Zijn wij wel in staat om zelf de volledige waarheid over ons werk onder woorden te brengen. Kan ons geheugen zich alles herinneren, vanaf de aanvang tot aan de oplevering en vergeten wij niet te makkelijk dat veel van onze vermeende eigen gedachten uit de opgave zelf is ontsproten of van buiten de opgave werd aangedragen, schijnbaar zonder oorzaak. De toevalligheden, de onveroorzaakte gebeurtenissen.

Wat komt er in mij op als ik over mijn eigen werk nadenk en dat onder woorden wil brengen.

De dichter J.A. Emmens duidt in dit gedicht de intellectuele houding van iemand die zich rekenschap wil geven van zijn gedachtewereld en daarbij de uiterste grens opzoekt. In de laatste jaren van zijn te vroeg geëindigde leven ontwikkelde hij ook een prachtige tekenhand. Ik zie een in zijn spel verloren jongetje, in enkele lijnen haarscherp weergegeven. Een woord dat mij in het gedicht treft is "toevallig". Bij een symposium over *De onderzoeker in kunst en wetenschap* sprak de psycholoog W.J.M. Levelt over het begrip serendipiteit in een creatief proces: "als de gave om door toevalligheden en intelligentie iets te ontdekken waar je niet naar op zoek bent". Opnieuw het woord toevallig. Maar, voegde hij eraan toe, serendipiteit zonder expertise heeft geen betekenis.

In hun werk wordt aan architecten gevraagd om te voorspellen dat hun gebouw betekenis zal hebben, zowel in het gebruik als in de context zinvol zal zijn. Soms hebben onze woorden bij het ontwerp meer het karakter van een orakel dan van een belofte. Echter hoe helderder de be-

Standpunt
Een wiel, dat draait. Ik niet,
ik stuntel op twee benen
en noem dat Lopen, Gaan.
Sta ik toevallig stil, dan heet dat
het standpunt dat ik inneem.

Fig. 10.1 Drinkwaterproductiebedrijf Berenplaat

Fig. 10.2 Cisterciënzerkapel in Senanque (Fr.)

lofte, des te meer kan erop worden gerekend of ermee afgerekend. Natuurlijk bedoel ik daarmee niet de banale interpretatie van het woord gewoon. Wèl dat op de artistieke betrouwbaarheid van de architect beroep kan worden gedaan en dat hij, tot na de oplevering met zijn volledige inzet aan de realisatie van zijn ideeën zal werken. Maaskant zei eens, "gebouwen worden omhoog vergaderd". En, voeg ik eraan toe, dat is alleen vol te houden als de architect bezield wil worden door de totaliteit van het maken. Zijn voorspellingen gediend met toeval als een onvermoede maar wezenlijke kleuring van de opgave en voor het creatieve proces misschien wel onmisbaar? Dwingt toeval ons daarom niet tot bescheidenheid?

De taalkundige S. Dresden schreef het essay *Wat is creativiteit*:

"Creativiteit gaat gepaard met spanning. Het bestaat uit radicalisme dat ten einde denken, ten einde beleven en ten einde maken steeds eisen en waaraan niet te ontkomen valt. Oorspronkelijkheid in het algemeen staat niet aan het begin van de artistieke activiteiten als een persoonlijk gegeven, maar moet door en met die werkzaamheden worden veroverd. Oorspronkelijkheid houdt verovering in en het ware begin wordt aan het einde gevonden".

In zijn essay *Het mechaniek van de ontroering* probeert de dichter Rutger Kopland ons inzicht te geven in het ontstaan van een gedicht.

"De dichter probeert iets op te schrijven wat hij nog nooit heeft gelezen. Op het moment dat hij denkt: nu ik dit lees, lees ik iets anders dan ik ooit heb bedoeld, op dat moment is het gedicht af. Ik zie dit, niet omdat ik zelf dit er van maak, maar omdat het zó is".

Ik voeg er met mijn eigen woorden aan toe: Kopland herinnert ons aan wat er nooit is geweest. Wat leer ik van deze studies voor een helder en evenwichtig beeld van het werk van architecten. Waar ligt het begin, hoe gaat het en wanneer is het af? Emmens: weet wat je zegt. Intellectueel zelfonderzoek is essentieel bij creatief werk en toeval is daarbij een realiteit, wees bescheiden. Levelt: toeval zonder deskundigheid stelt weinig voor. Je moet er niet aan knoeien maar met je geluk woeke-

Fig. 10.3 Tafel voor koningin Beatrix en prins Claus

Fig. 10.4 Onderaanzicht staalconstructie van de watertoren in Eindhoven

Fig. 10.5 Willemswerf in Rotterdam

ren. Heb aandacht voor alles en voel je nergens tegoed voor. Dresden: het einde is belangrijker dan het begin. Oorspronkelijkheid moet je willen veroveren, je moet tot het uiterste gaan. Pas in de werkelijkheid komt de aap uit de mouw. Kopland: tot hoever moet een dichter gaan, wanneer is iets af, wat betekent het begrip "einde".

Als ik nu, van een afstand, terugkijk op het begin van mijn loopbaan, toen ik als architect mocht werken aan het drinkwaterproductiebedrijf Berenplaat, zie ik dat mij veel is toegevallen. Niet in de oppervlakkige zin van het woord maar breder en héél natuurlijk, zoals water schijnbaar vanzelf stroomt terwijl je weet dat er een oorsprong is met een geheel eigen geschiedenis. Alles vloeide in elkaar over, oplossingen ontstonden haast vanzelf en wat door de opgave werd aangedragen behoefde slechts te worden bijgestuurd en zonodig aangescherpt. Er was nauwelijks een worsteling om helderheid want de dingen gaven a.h.w zelf aan hoe ze wilden zijn en wat de architect daarbij te doen stond. Ik herinner mij de ordening van het filtergebouw waar de plaats en de afmetingen van de hypparschalen door de filters werden bepaald, de glazen gevel haast vanzelf een schuine stand kreeg en bovenaan om de randen van de schaalconstructie werd gevouwen. In zekere zin vroegen de hypparschalen slechts om tot vorm te worden gekneed. Het was een buitengewone en tegelijkertijd heel gewone ervaring waar ik mijn hele leven aan heb teruggedacht en die zich meerdere keren herhaalde.

Eerder stelde ik dat voor een architect, naast de inhoud van de opgave, het maakproces een wezenlijke bron van inspiratie is. Dat geldt voor mij nog altijd, ook in de huidige technologische samenleving. Hoe maakt iemand iets, met welk materiaal doet hij het en waarom doet hij het zo?

Door historische artefacten te bestuderen kunnen wij ontdekken hoe anderen zich met hun opgave bezig hielden, hoe hun creatieve proces het onze is voorgegaan. Het zijn toetsstenen met ieder een eigen noodzakelijkheid waarin de essentie van creativiteit tijdloos oplicht als een grondvorm waartoe wij ons mogen verhouden.

- Finse houtconstructies. Op basis van een eenvoudige insnijding in gestapelde stammetjes wordt aan een draagconstructie een beeldende kwaliteit gegeven.
- De middeleeuwse architectuur van de Cisterciënzers. Schoonheid in licht en verhouding. Het radicale rationalisme van Bernard van Clairvaux evoceerde op magische wijze niet alleen de ruimten voor de eredienst maar ook de ruimten voor het leven van alledag.
- De schilderijen van Gerrit Benner (1897-1981). Alsof ze met verf zijn gemetseld verbeeldde Benner in zijn schilderijen het licht, de lucht en het water zoals wij dat alleen in Friesland kunnen zien. Elk onderdeel is een schilderij op zichzelf als een intrigerende eenheid tussen het geheel en de delen.
- In 1600 schilderde Jacques de Gheyn (1565-1629) met een fotografische precisie een klein veldmuisje en in 1642 maakte Rembrandt (1606-1669) als het ware in een split second een kleine tekening van een moeder met haar kind op de arm en een hond die aan de eend in haar tas snuffelt. Schrik op het gezichtje van het kind, troost in de blik van de moeder en met één lijn de zwiep in de staart van de hond. Kleine, indringende werken, elk met een persoonlijke interpretatie van het begrip einde.
- Cartier Bresson zei eens over een foto die deugt: "in een fractie van een seconde herkennen wij het belang van een gebeurtenis en de precieze organisatie van de vorm". Het zouden de woorden van Rembrandt kunnen zijn.
- Een spanen opbergdoos gemaakt door de 18de eeuwse religieuze gemeenschap *The Shakers*. Zij streefden een partnership na "between material, tools and process". Bij alles wat ze maakten gold een natuurlijk beginsel: "The outward appearance revaels the inner spirit".

Fig. 10.6 Maritiem Museum in Rotterdam

In de loop van de jaren heb ik steeds beter begrepen wat Dresden bedoelde, dat wij bij het zoeken naar schoonheid en innerlijke waarde radicaal moeten zijn, tot het einde moeten gaan maar ook dat veel ons zo maar kan toevallen.

In zijn boek *Combray* schrijft Marcel Proust (1871-1922) een prachtige zin:

"ik geloof dat mijn grootmoeder in de klokkentoren van Combray vaag datgene vond wat voor haar de hoogste waarde in de wereld had. Natuurlijkheid gepaard aan distinctie".

Verantwoording

Met een willekeurige keus uit mijn werk wil ik onderzoeken wat bovenstaande gedachten voor mij hebben betekend en wat ik daarvan mij eigen heb gemaakt.

- Een bankje voor het Kröller Muller museum en een lage tafel voor de zithoek in de werkkamers van koningin Beatrix en prins Claus.
- De meubels zijn uitgevoerd in gezaagd en gebogen aluminium waar een leren kussen of een glazen plaat aan zijn toegevoegd. Als bij de Shakers, een samenvoegen van materiaal, techniek en vorm dankzij een simpele ingreep met een zaagsnede.
- Het bedieningsgebouw van de Stormvloedkering in de Oosterschelde. Een in zichzelf gekeerd blok beton, als enige gebouw in Nederland, geplaatst buiten de zeewering.
- De elektriciteitsopwekking, de bedieningsruimten en op de bovenste verdiepingen de publieksvoorlichting van waaruit de totale kering kan worden overzien, zijn in één materiaal gegoten. De vorm van de architectuur heeft veel weg van de manier waarop een keramist een vorm maakt. Het is in

Fig. 10.7 Cobra Museum in Amstelveen
foto: Kim Zwarts

zekere zin meer een object dan een gebouw, eenzaam gesitueerd in de eindeloze ruimte van de zee.
- Het oude gebouw van Henri van de Velde van het museum Kröller Müller in Otterlo mocht worden uitgebreid met een omvangrijk museaal programma . Het was een voorrecht om te ervaren dat de voorname architectuur van deze grootmeester de ruimte bood om een eigen weg in te slaan. Maar wèl, zoals in zijn werk, ingehouden en met eenzelfde aandacht voor verhoudingen en het licht in een uiterste concentratie op vormen en detaillering . De bezoeker kan de sfeer van de natuur overal beleven, steeds met een nieuw zicht op buiten.

De watertoren in Eindhoven

Door middel van een watertoren wordt de druk in het leidingnet een aantal seconden vast gehouden als een pomp uitvalt en de reservepomp moet worden opgestart. De beschikbare hoeveelheid water is gecorreleerd aan het moment van de dag. Kan toeval ook ingeving genoemd worden toen het beeld van drie bollen op verschillende hoogten en gedragen door een luchtige staalconstructie voor ogen kwam?

Het gebouw Willemswerf in Rotterdam

Het programma van eisen en de footprint riepen een architectonische vorm op van een eenduidige signatuur. De hoofdlijn stond in zekere zin bij aanvang vast. De schuine insnede in het massale blok was een weloverwogen beslissing om met een sculpturaal middel de rangschikking van de ruimten in beeld te brengen. Witte gevels die in een verschillende stand staan krijgen in het zonlicht een andere kleurtoon. Een verschijnsel dat haast vanzelf ontstond, ons toeviel. Maar, zoals Levelt zei, hiermee moest wèl worden gewoekerd teneinde het wereldomspannende werkgebied van de Nedlloyd in de scherpte van de materialisering van de architectuur te laten weerspiegelen.

Het Maritiem Museum in Rotterdam

Zelden heb ik zo'n bevlogen programma voor een museum meegemaakt. Ook de situatie gaf veel stof tot nadenken. Twee belangrijke pleinen met een onderling niveauverschil, een haven vol historische schepen en in de verte de rivier waarlangs de grandeur van Rotterdam een aanvang had genomen. Ook hier vond de architectuur een natuurlijke oorsprong in de rijke probleemstelling.

Het Cobra museum in Amstelveen

Een museum met in de begintijd nauwelijks een eigen collectie. Stedenbouwkundige uitgangspunten waren gegeven met 3 assen onder 45° en 90° t.ov. elkaar, naast het toekomstige centrum en georiënteerd op een prachtige groene singel. Het daglicht moest overvloedig in de museale ruimten kunnen binnenstromen. Een opeenvolging van binnen en buitenruimten, asverdraaiingen en een visueel samenspel tussen de exposities op de begane grond en de verdieping waren voor mij voorna,me doelstellingen in het ontwerpproces.

Het museum Beelden aan Zee in Scheveningen

Een vroeg 19de eeuws paviljoen op een klein duin in de chaos van Scheveningen. Daar omheen, haast onzichtbaar, een museum voor beelden, ingegraven in het zand met veel ruimte en overal terrassen. Buiten houdt het oude paviljoen haar overheersende positie, binnen zie je zo nu en dan een glimp van de oude architectuur. Het ontwerpproces verliep voorspoedig met verschillende orthogonale ruimtelijke mogelijkheden. Maar de echte oplossing liet op zich wachten.

Totdat op een zeker moment twee cirkelvormen zich aandienden die onder het hart van het oude paviljoen samenkwamen. Vanaf dat moment viel alles op zijn plek en werd het een natuurlijk proces van bijslijpen en ontwikkelen. Als bij de Berenplaat, het ontwerp stuurde de hand en het oog. Dankzij het stralende licht van de zee ontstaat als vanzelf een concentratie op de sculpturen, gaat de zanderige kleur van het beton gloeien en wordt de beige natuurstenen vloer een tapijt voor beelden. De opdrachtgevers, Theo en Lyda Scholten-Miltenburg vroegen Rutger Kopland een tekst te schrijven over hun museum.

Fig. 10.8 Museum Beelden aan Zee in Scheveningen
foto: Kim Zwarts

Fig. 10.9 Brug 2005, IJburg in Amsterdam

Al het overige beeld in dit essay is van de auteur

Hij eindigt zijn essay met:

"Ga maar liggen liefste in de tuin,
de lege plekken in het hoge gras, ik heb
altijd gewild dat ik dat was, een lege
plek voor iemand om te blijven."

Stel dat er zou staan "in het duin", het scheelt maar één letter. Het gedicht zou door het museum geschreven kunnen zijn". (Rutger Kopland)

De tafel 1030 voor Ahrend

De opdracht luidde: een tafel met 4 poten, in hoogte verstelbaar, in een aantal afmetingen en met verschillende bladen. Al mijn aandacht was gericht op de vorm van de poten en de constructieve rand waarop de bladen worden gemonteerd. In het hoekdetail komt alles tezamen, elk van de drie onderdelen met hun eigen presentie die samen de sterkte en de stijfheid garanderen. Ook hier werd ik herinnerd aan de ideeën van de Shakers. Het metaal is zilverkleurig of zwart aluminium. De bladen zijn 8 mm dik laminaat met verschillende toplagen.

Brug 2005, IJburg in Amsterdam

Voor IJburg werd een 300 m lange, laag over het water scherende betonnen brug gevraagd met in het midden een hogere doorvaart mogelijkheid. Zware dwarsbalken die bijna op het water liggen dragen om de 16 m een 80 cm dikke brugplaat, welke aan de zijkanten zoveel mogelijk is afgeslankt. Aan weerszijden steken de balken uit, 8 m langer dan strikt noodzakelijk. De balusters en leuningen zijn van RVS. Ik heb in mijn leven zelden materiaal toegepast zonder dat er een functionele noodzaak voor was. Met het uitgestrekte water van het IJsselmeer voor ogen kwam een idee op van een mat van stokken die over het water was uitgerold. Een beeld met een eigen sculpturale presentie.

Nawoord

In het voorgaande heb ik gesteld dat in een essay over eigen werk de aandacht moet worden gericht op hetgeen dat tot stand is gebracht, de werkelijkheid. De vraag blijft of terugzien een volledig en zuiver beeld oplevert als je er van uit moet gaan dat het geheugen niet in staat is alle redenen hun plaats te geven. De ultieme betekenis kan daarom alleen in het gebouw zelf worden gevonden, in de mate waarin de radicaliteit van het creatieve proces zichtbaar wordt en de opgave respecteert.

Wat mij in elk project specifiek voor ogen stond gaf ik met enkele woorden aan. De gedachten van Dresden, dat alleen door er, misschien wel verbeten, tot het einde toe aan te werken pas duidelijk wordt wat de wezenlijke doelstelling is van elke opgave, deel ik uit eigen ervaring. Waarin ik daarbij mocht ervaren dat veel een mens toe kan vallen.

De kunst is dan om er niet aan te knoeien maar om er op de juiste wijze mee te woekeren. Over ingeving heb ik geen oordeel uitgesproken omdat het mijns inziens te weinig transparant is voor een heldere beoordeling van een ontwerpproces. Bij alle verschillen in doelstelling en gebruik, blijf ik hopen dat er een samenhang en een eigen lijn in het werk kan worden herkend. Een algemene zingeving van de architectuur.

Zoals in de woorden van de architect John Pawson over het welbevinden van architectuur. "For me comfort is synonymous with a state of total clarity where the eye, the mind and the physical body are at ease, where nothing jars or distracts". Wat ik daarmee bedoel illustreer ik met 2 voorbeelden uit de schilderkunst, ontstaan in een lange tijdspanne.

"De Sint Odulphuskerk te Assendelft" van P. Saenredam (1597-1665) en "Duin" van P. Mondriaan (18722-1944). In beide werken is te zien hoe de werkelijkheid anders wordt verbeeld, in een intrigerende eenheid tussen vorm en inhoud.

Saenredam schildert het kerkinterieur exact na en Mondriaan schildert de natuur in Zeeland na, niet minder precies.

Je zou kunnen zeggen dat beide kunstenaars al schilderend met hun ogen nadachten over wat zij zagen en hoe zij dat prachtige licht in hun schilderijen naar binnen konden halen, vorm gaven aan licht. Het resultaat ontroert mij in hoge mate omdat je ervan kunt zeggen dat hun geschilderde werkelijkheid, het schilderij, aan zichzelf ontstijgt. Wij zien een kwaliteit welke voor ons onbereikbaar is. Maar wat wij eveneens zien zijn bijzondere bronnen van inspiratie, toetsstenen voor zingeving in een creatief proces. Want ook in architectuur met een eigen verhaal, van binnenuit, architectuur die ons ontroert, kan hetzelfde worden gezien. Als zij ontstijgt aan haar eigen werkelijkheid.

BRONNEN:

- Dresden, S., *Wat is creativiteit*, Amsterdam, 1987
- Duby, G., *Saint Bernard L'Art Cistercien*, Parijs, 1989
- Emmens, J.A., *Autobiografisch woordenboek*, Amsterdam, 1963
- Kopland, R., *Het mechaniek van de ontroering*, Amsterdam, 1995
- Levelt, W.J.M, *De onderzoeker in kunst en wetenschap*, Symposium t.g.v. de opening van het Sculptuurinstituut bij Museum Beelden aan Zee, 22 april 2004
- Pawson, J., *The simple expression of complex thought*, El croquis no. 127, Madrid, 2006
- *Perspecta* no 6 1960, The Yale Architectural Journal

DROMEN VAN WOLKENKRABBERS IN DE BINNENSTAD VAN AMSTERDAM
de Candida van F.A. Warners

CLARA STILLE
ESSAY II

ARCHITECTUURBULLETIN N° 03|2007

Clara Stille (NL, 1974), architectuurhistoricus, werkt vanaf 2004 als conservator bij de afdeling Collectie van het Nederlands Architectuurinstituut. Zij is gespecialiseerd in de architectuur en stedenbouw van het einde van de negentiende en het begin van de twintigste eeuw. Op dit moment is zij bezig met het afronden van de inventarisatie van het archief van de Amsterdamse architect F.A. Warners.

Hoe is het mogelijk dat een gebouw van tien verdiepingen als 'skyscraper' oftewel wolkenkrabber te boek komt te staan? In een stad als Amsterdam, waar nu niet 's werelds hoogste gebouwen staan, wordt een dergelijke hoogte tot de bescheiden hoogbouw gerekend. Toch is de eer te beurt gevallen aan het kantoorgebouw 'Candida' (1931) van architect F.A. Warners (1888-1952) dat nabij het Paleis op de Dam staat. En ja, het gebouw fascineert door zijn hoogte.

Het kantoorgebouw is zeker geen stereotype van de Amerikaanse wolkenkrabber. Het dient eerder als een belangrijk Amsterdams voorbeeld van het groeiend zelfbewustzijn van hoogbouw in de jaren dertig van de vorige eeuw. Bij de inventarisatie van het archief van Warners is gebleken dat de ontwikkeling van hoogbouw een centrale plaats inneemt in het oeuvre van deze architect. Dit gegeven vormde de directe aanleiding om het ambivalente ontwerp van 'Candida' nader te onderzoeken. Wat vertelt dit kantoorgebouw eigenlijk over de hoogbouw in de Amsterdamse binnenstad en over de ontwikkeling van het moderne zakenleven aldaar?

Modernisering van het Amsterdamse zakenleven

De ontwikkeling van het moderne kantoorgebouw in de Amsterdamse binnenstad is, paradoxaal genoeg, vooral boeiend omdat er eigenlijk niets mogelijk was in dit door het verleden gedomineerde gebied. Hoe heeft Warners dan in 1931 een kantoorgebouw van tien verdiepingen weten te realiseren daar waar de gemiddelde bouwhoogte uit vijf lagen bestond?
De Nieuwezijds Voorburgwal werd in 1884 gedempt. Vervolgens werden, in de eerste decennia van de twintigste eeuw, de oude grachtenhuizen geleidelijk vervangen door moderne kantoorgebouwen. De Nieuwezijds Voorburgwal ontwikkelde zich tot dé krantenboulevard van Nederland. Warners speelde in op de grote vraag naar nieuwe kantoren maar was vooral geïnteresseerd in het ontwikkelen van een modern en efficiënt kantoorgebouw. Zo'n kantoorgebouw moest volgens hem een oplossing bieden voor de tot dan toe vaak omslachtige bedrijfsvoering: "Hoeveel zakenmenschen heb-

ben geen ouderwetsche kantoren met kamertjes, hokjes en gangen, trapjes op en trapjes af. Heeft die zakenman wel eens berekend, wat het jaarlijks kost aan tijdverlies en onderhoud, wanneer men zijn bedrijf over verschillende verdiepingen verdeeld heeft in plaats van op een verdieping, waar alle vertrekken rationeel naast elkaar liggen" (Warners, 1935). Warners pleitte voor een indeling naar Amerikaans voorbeeld waarbij verschillende firma's in één kantoorgebouw waren ondergebracht en ieder bedrijf beschikking had over zijn eigen verdieping. De verdiepingen werden kaal opgeleverd en konden dan naar wens van de huurder ingedeeld worden. In 1922 definieert de dan nog Duitse architect Ludwig Mies van der Rohe dit kantoor als volgt: "Het kantoorgebouw is een gebouw van arbeid, organisatie, helderheid, economie, ruime lichte werkvloeren, overzichtelijk, ongedeeld, alleen vormgegeven als het organisme van het bedrijf" (Veldhoven, 1995, p.35). Een dergelijke 'kantoortuin' was in de jaren dertig van de vorige eeuw nog een zeldzaamheid in het Nederlandse bedrijfsleven. Het bedrijfsverzamelgebouw was al wel in opkomst, maar nog slechts sporadisch aanwezig en van weinig opzienbarende hoogte, zeker in de binnenstad van Amsterdam. Aan de Rotterdamse Veerhaven bouwde de architect P.G. Buskens in 1929-1930 het kantoorgebouw 'Atlantic huis'. Ook bij dit project vormde de doelmatige inrichting een belangrijk uitgangspunt, maar het pand telde slechts vijf verdiepingen en had, in vergelijking tot de tien verdiepingen en de moderne voorgevel van 'Candida', een kolossaal uiterlijk. Naast een efficiënte indeling moest een kantoorgebouw, volgens Warners, ook allure hebben en representatief zijn. Hij beschouwde het kantoorgebouw als het 'visitekaartje' van het bedrijf waarmee de klant ervan overtuigd zou worden dat het bedrijf modern en up-to-date was. In tegenstelling daarmee werden de ontwikkelingen op het gebied van moderne kantoorgebouwen in de Amsterdamse binnenstad over het algemeen verborgen achter gevels met een traditionele bouwhoogte. 'Candida' vormde met zijn tien verdiepingen en moderne gevel duidelijk een vreemde eend in de bijt en zorgde voor opschudding in de historische binnenstad.

Hoogbouw en disharmonie in het stadsbeeld

Amsterdam kende van alle Nederlandse binnensteden de grootste tegenstelling tussen de economische belangen van cityvorming en de wens tot instandhouding van het historische stadsbeeld. Het was in dit klimaat dat Warners zijn ideeën met betrekking tot hoogbouw uitkristalliseerde. Rond de eeuwwisseling raak-

Fig. II.1 Voorgevel 'Candida' aan de Nieuwezijds Voorburgwal 1930
beeld: Collectie NAi, archief Warners

te men gefascineerd door de wolkenkrabbers zoals die in Amerika werden gebouwd, maar hoogbouwplannen in Nederland bleven beperkt tot voorspellingen en utopische plannen. Een uitzondering vormde het 'Witte Huis' in Rotterdam (1898). Dit hoge kantoorgebouw was naar Amerikaans voorbeeld gebouwd en was met zijn vijfenveertig meter hoogte een sensatie; het was destijds het hoogste gebouw van Europa. In de Amsterdamse binnenstad speelde hoogbouw toen nog geen rol. Er werd daarentegen wel veelvuldig geëxperimenteerd met grootschalige doorbraken, inspelend op de beoogde cityvorming. 'Candida' diende als 'gangmaker' voor de schaaldoorbreking aan de Nieuwezijds Voorburgwal. Het Algemeen Handelsblad noemde het gebouw: "Een ultra moderne wolkenkrabber, gebouwd voor den modernen vooruitstrevende Amsterdamschen zakenman" (Algemeen Handelsblad, 1931). Spraakmakend is de afbeelding die bij het artikel werd geplaatst. De hoogte van het kantoor wordt geaccentueerd door de kleine figuren die aan de voet van het gebouw staan en het silhouet van de lagere buurpanden. Hiermee werden de inventiviteit en ongebruikelijke hoogte van het pand extra benadrukt.

'Candida' wordt gekenmerkt door twee representatieve gevels. De voorgevel met de officiële ingang voor de directeuren en hun cliëntèle is gelegen aan de Nieuwezijds Voorburgwal. De achtergevel ligt aan de Spuistraat en heeft een bescheidener entree die bedoeld was voor het personeel. Aan de Nieuwezijds Voorburgwal bleek, volgens de bouwverordening, een bouwhoogte van vijfendertig meter toelaatbaar. Aan de Spuistraat was deze, vanwege de geringe breedte van de straat, vijfentwintig meter. Behalve de gewaagde bouwhoogte was ook de strakke, zakelijke gevel van het kantoorgebouw nieuw in het Amsterdamse straatbeeld. De Nieuwezijds Voorburgwal werd over het algemeen gekenmerkt door kolossale gebouwen die overwegend in Amsterdamse School, bijvoorbeeld het voormalige kantoorgebouw van de N.V. Dagblad Telegraaf (1930) naar ontwerp van J.F. Staal, of traditionalistische stijl waren vormgegeven. Het ontwerp voor 'Candida' laat juist de belangrijkste kenmerken van het Nieuwe Bouwen zien. De ononderbroken stalen ramenreeksen laten een grote hoeveelheid daglicht toe en geven een duidelijke scheiding aan tussen de verdiepingen. Opvallend is dat Warners de vormentaal van de Amsterdamse School, waarin hij zo actief heeft gebouwd in Amsterdam-Zuid, hier loslaat. Alleen de expressieve bakstenen bekleding tussen de verdiepingen verwijst naar zijn voorliefde voor deze

Fig. II.2 Achtergevel 'Candida' aan de Spuistraat, 1930
beeld: Collectie NAi, archief Warners

bouwstijl en vormt een opmerkelijk contrast met het, voor het overige, zakelijke karakter van de gevel. Een verdere optimalisering van de lichtinval werd bereikt door de erker die over de gehele hoogte van de voorgevel strekt. In de jaren dertig werd er actief geëxperimenteerd met verlichtingseffecten van kantoorgebouwen. Verlichting moest niet alleen zorgen voor een optimale werkplek maar diende ook een commercieel doel. Een goed voorbeeld hiervan is het pand van de coöperatie 'De Volharding' in Den Haag, door architect Jan Buys tot één lichtreclameobject gemaakt. 'Candida' maakte geen reclame voor een instelling of een product, maar voor een ideologie. Door het gebouw ook 's avonds te verlichten leek het continu toegankelijk. Een afbeelding in het Algemeen Handelsblad uit 1931 benadrukt dit door het in volle glorie verlichtte pand te plaatsen tegen een donkere achtergrond.

De opmerkelijke hoogte van het kantoorgebouw was het bestuur van de B.N.A. een doorn in het oog en bracht, naar hun inzicht, ernstige schade toe aan het stadsschoon. Volgens de B.N.A. moest de hoogte van nieuwbouw in de Amsterdamse binnenstad in balans zijn met de historische bebouwing. Er ontstond een discussie over hoogbouw en stadsschoon. Volgens Warners was het juist interessant om mee te gaan in de schaalvergroting en dan juist in de hoogte in plaats van de bestaande straatwand te volgen met regelmatige bebouwing. Zo reageerde Warners in het Bouwkundig Weekblad op de B.N.A.-kritiek op zijn ontwerp: "Het getuigt mijns inziens van conservatisme en verkeerd begrepen stadsbelang, de nog teere plant der hoogbouw reeds weder in haar groei te willen belemmeren, hoewel men natuurlijk goed zal doen den hoogbouw in zekere banen te lei-

den" (Warners, 1932, p.147). Hiermee illustreert Warners, met volle overtuiging, zijn ideeën over hoogbouw en over de schaalvergroting die in de binnenstad van Amsterdam alleen gestalte zou kunnen krijgen door ook de schaal van de bebouwing aan te passen. "Een Nieuwezijds Voorburgwal, op verschillende afstanden bebouwd met Candida's, lijkt mij interessanter dan de thans bestaande straatwand, of een straatwand met regelmatige bebouwing en bijbehorende veel geprezen aansluitingen" (Warners, 1932, p.147). De B.N.A. vreesde niet alleen de gebrekkige aansluiting van het kantoorgebouw op de bestaande bebouwing maar wantrouwde ook de hoogte. Warners liet met zijn ontwerp voor 'Candida' zien dat toepassing van een moderne constructie het mogelijk maakte om de kantoorruimten eindeloos te stapelen, zo hoog als de opdrachtgever wenste. Natuurlijk lag dit niet

Fig. II.3 Kantoorgebouw 'Candida' 1930
foto: Collectie NAi, archief Warners

volledig in de macht van de architect en was een echte wolkenkrabber in de Amsterdamse binnenstad, door beperkingen in de regelgeving en zeggenschap van de schoonheidscommissies, moeilijk realiseerbaar.

De exploitatie maatschappij AMEE

De overredingskracht van Warners moet aanzienlijk geweest zijn. Hij presteerde het om in die tijd, met weerstand van stadsbestuur en schoonheidscommissie, een kantoorgebouw te bouwen volgens moderne principes en met een opmerkelijke hoogte. Het gebouw moest statig en efficiënt zijn, maar het moest ook gemakkelijk en economisch te exploiteren zijn. Al vanaf het begin van zijn loopbaan was Warners bijzonder geïnteresseerd in 'de flat' of zoals hij het zelf noemde 'het etagehuis'. De efficiëntie van dit woontype, voorzien van alle luxe en comfort, sprak Warners het meeste aan. Hij ontwierp in 1913 het eerste flatgebouw van Nederland; 'Huize Loma' aan de Lairessestraat in Amsterdam. Het pand werd weliswaar opgenomen in de rest van de gevelwand en bleef beperkt tot een hoogte van vier verdiepingen, het vormt toch een belangrijk vertrekpunt voor de ontwikkeling van Warners' hoogbouwambities. In 1914 richtte hij samen met zijn schoonvader Allert de Lange en D. Voute de N.V. Amsterdamsche Maatschappij tot de Exploitatie van Etagewoningen (AMEE) op. De AMEE kocht grond van de gemeente en Warners maakte het ontwerp voor de bebouwing. De aandelen van het gebouw werden vervolgens aan de bewoners verkocht. De werkwijze van de AMEE bleek vooral geschikt voor de realisatie van moderne kantoorpanden. Warners was naast architect dus ook zakenman en pleitbezorger voor de ontwikkeling van het moderne kantoorgebouw. Zo werd in 1929, onder zijn leiding en naar zijn ontwerp, het kantoorgebouw 'Atlanta' aan de Stadhouderskade gebouwd en geëxploiteerd door de AMEE. Na dit grote succes ging Warners de uitdaging aan om met behulp van de AMEE het kostbare terrein (f.125.000,- voor 360 m2) aan de Nieuwezijds

Fig. II.4 Krantenartikel Nederlands Handelsblad 1931
beeld: Collectie NAi, archief Warners

Voorburgwal te financieren. In een voordracht voor de 'Vereniging Groninger Havenbelangen' in 1951, over het ontwerpen en exploiteren van kantoorgebouwen, benadrukt Warners dat het terrein voor 'Candida' abnormaal duur was. Door toevallige omstandigheden liet het echter een bouwhoogte van ruim vijfentwintig meter toe. Daardoor was de AMEE in staat het aantal vierkante meters optimaal te exploiteren. Inmiddels had Warners, door zijn ontwerpen voor 'etagehuizen' en zijn lidmaatschap van het Amsterdamse Genootschap Architectura et Amicitia, een behoorlijke reputatie opgebouwd. Daardoor en door de invloed van de AMEE heeft Warners een belangrijke impuls kunnen geven aan de toelaatbaarheid van hoogbouw in de Amsterdamse binnenstad.

'Candida' als Rijksmonument

In de jaren zestig van de vorige eeuw begon de teloorgang van de Nieuwezijds Voorburgwal als concentratiepunt van de landelijke dagbladpers. Het dagbladencentrum verplaatste zich geleidelijk naar de buitenring, de voormalige krantengebouwen kregen bijna allemaal een andere functie. In 1999 werd de gehele binnenstad van Amsterdam aangewezen tot beschermd stadsgezicht. Vervolgens werden in 2001, in het kader van het Monumenten Inventarisatie Project, in dit gebied tweehonderd nieuwe rijksmonumenten aangewezen. Ook kantoorgebouw 'Candida' kreeg, ondanks modernisaties zoals het vervangen van de stalen kozijnen door kunststof en het plaatsen van dubbele beglazing, de status van rijksmonument.

Tijdens een bezoek aan het pand, waarvan de vijfde etage (320 m2) toen te huur stond voor 165 euro per m2 op jaarbasis, is mij opgevallen dat de oorspronkelijke indeling van het kantoorgebouw, de fraaie entree en het trappenhuis grotendeels intact zijn. Dit spreekt zeker voor de duurzaamheid van het kantoorgebouw. De efficiënte open indeling, die Warners in 1930 voor ogen had, is nog steeds van kracht en vind gretig aftrek. De hoogte maakt het pand nog steeds tot een opmerkelijke verschijning, er zijn in de directe nabijheid geen gebouwen van deze hoogte bijgekomen. De discussie over de schaalvergroting, die Warners in de jaren dertig voerde met de B.N.A., heeft weliswaar niet geleid tot soortgelijke hoogbouwprojecten aan de Nieuwezijds Voorburgwal, maar heeft wel degelijk invloed gehad op de toelaatbaarheid van hoogbouw en modernisering elders in de stad.

BRONNEN:
- Kalf, L.C., *Kunstlicht en Architectuur*, Amsterdam, Meulenhoff & Co., 1941
- Meurs, P., *De Moderne Stad*, Rotterdam, The Urban Fabric en NAi Uitgevers, 2000
- Pasveer, A. F.A. *Warners (1888-1952) Architect in Amsterdam* (afstudeer scriptie), Amsterdam, 1999
- Rossem, V. van, Bakker, M., *Amsterdam maakt geschiedenis*, Uitgeverij Bas Lubberhuizen en Bureau Monumenten & Archeologie, Amsterdam, 2004
- Veldhoven, E., Piepers, B., *Kantoren bestaan niet meer*, uitgeverij 010 Publishers, Rotterdam, 1995
- Warners, F.A., Gebouw 'Candida', in: *Bouwkundig Weekblad Architectura*, nr.17 en nr.18, 1932
- Warners, F.A., Romantisch en rationeel bouwen, 1935 (ongepubliceerd artikel)

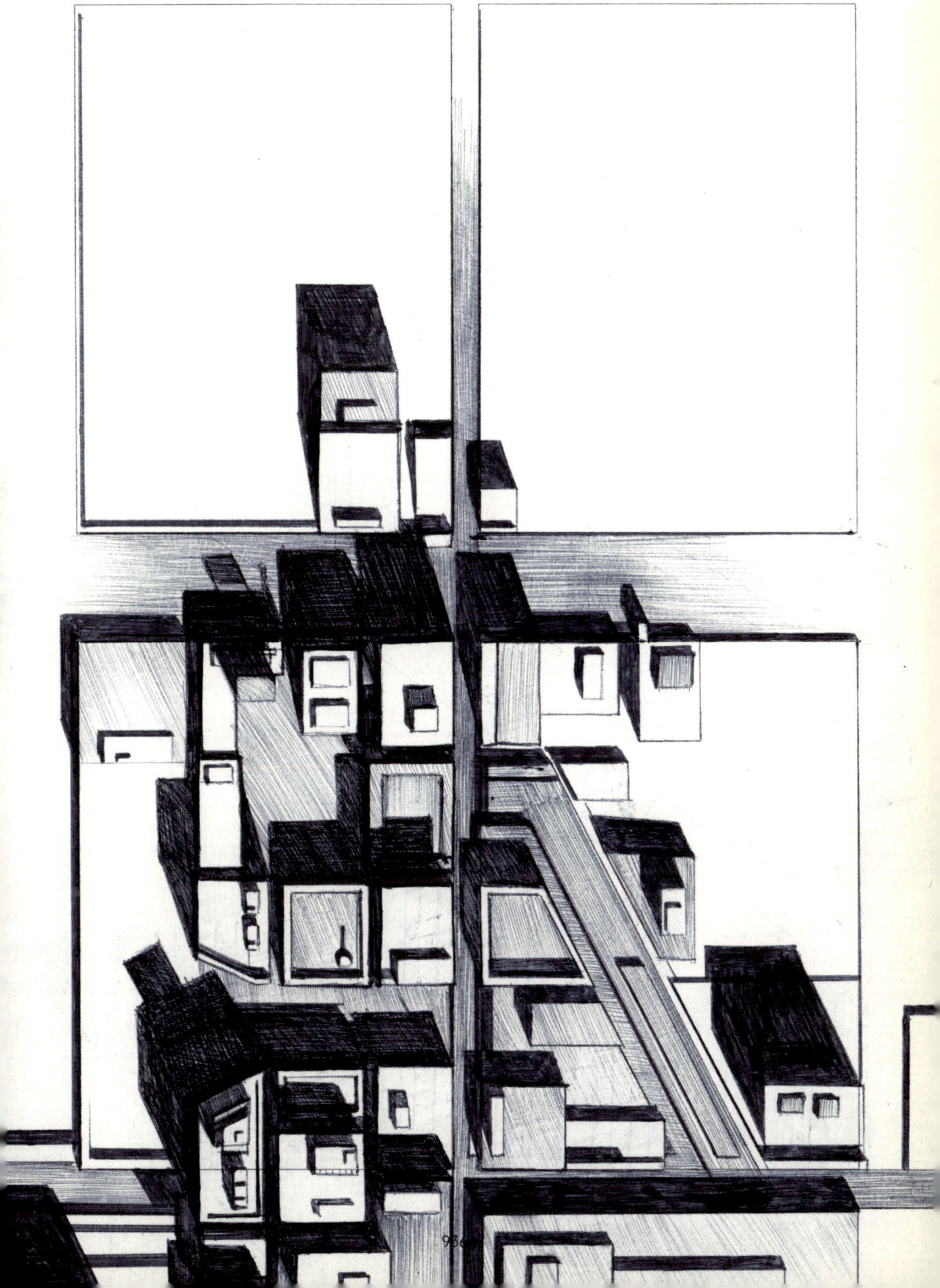

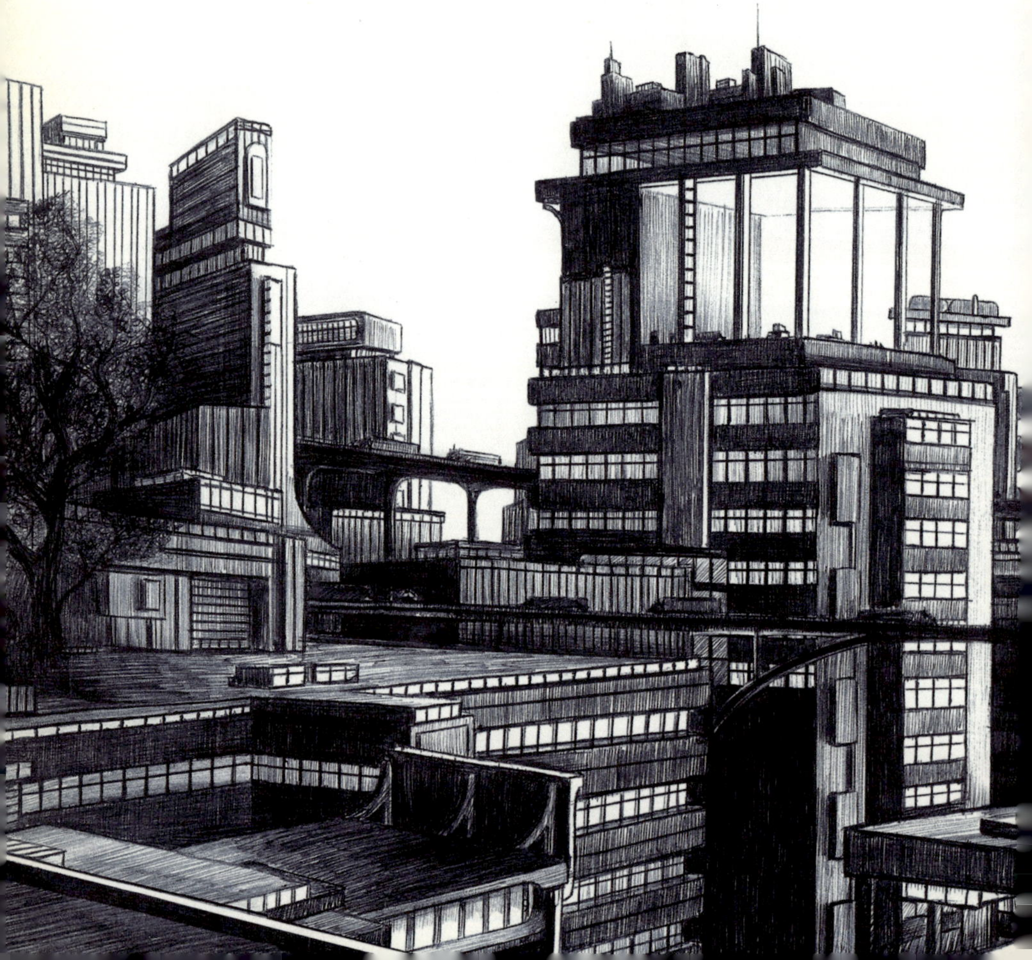

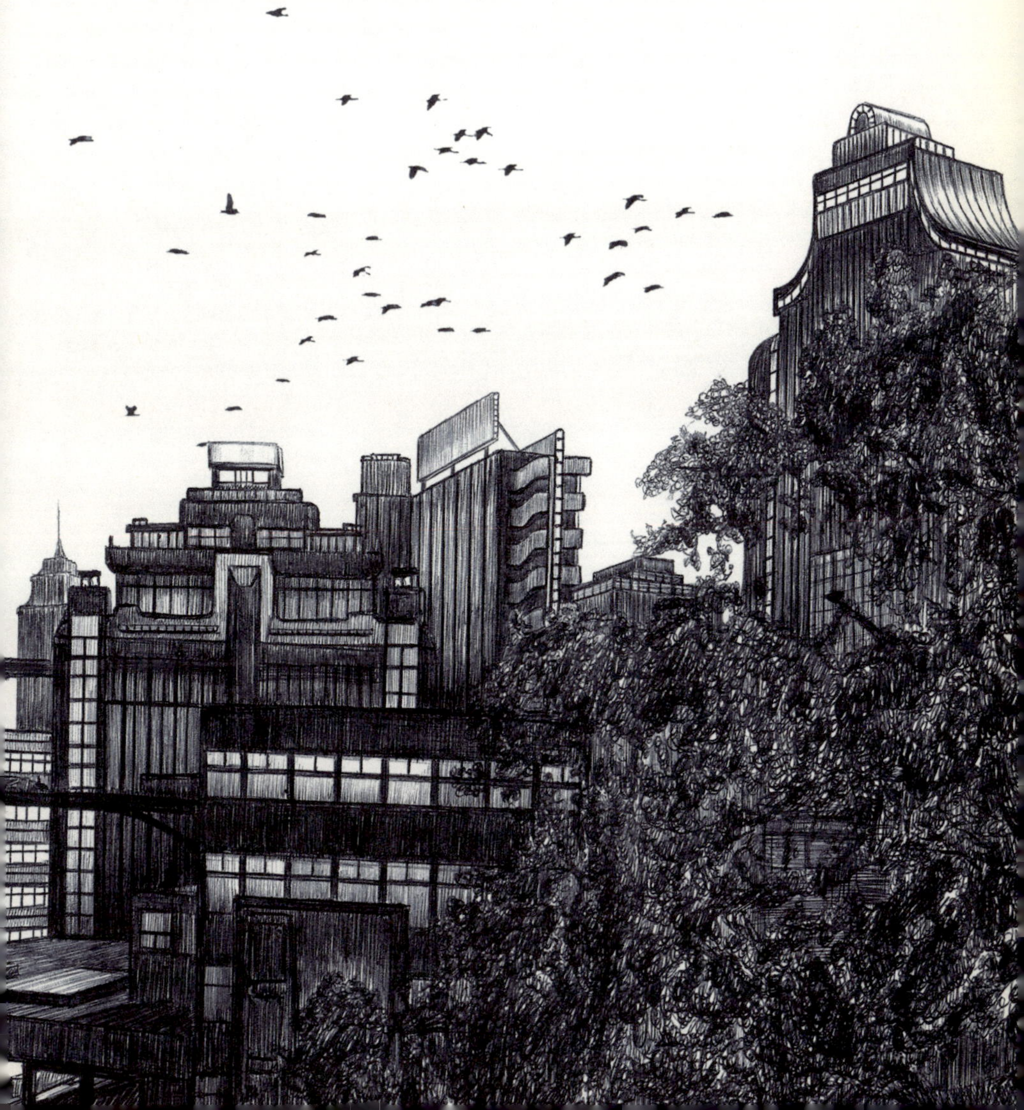

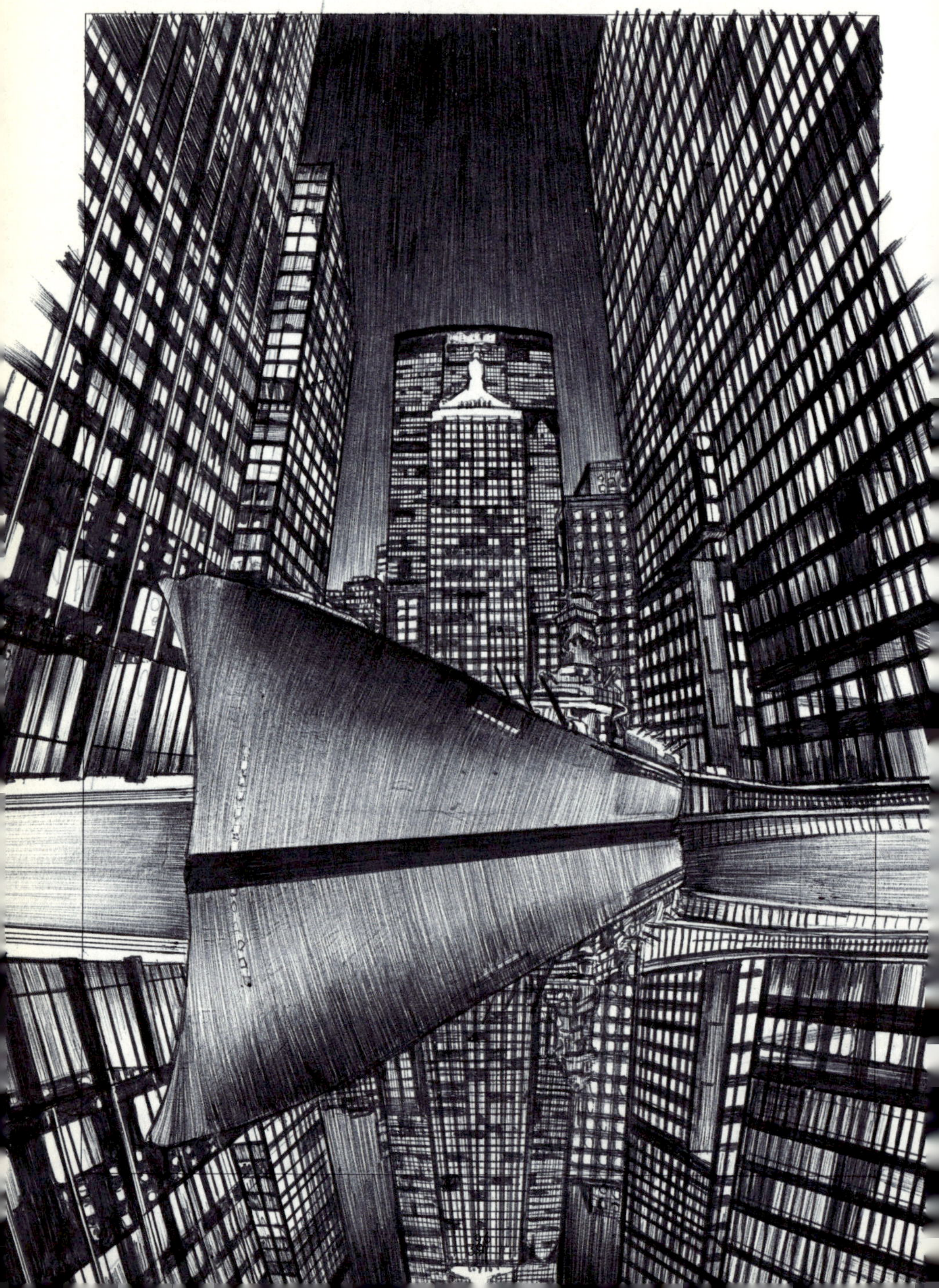

Essay 12

DE VINEX EN HET ONGEDULD

Paul Vermeulen

ARCHITECTUURBULLETIN N° 03|2007
Paul Vermeulen (B, 1962) studeerde af in 1985 als ingenieur-architect aan de KU Leuven. Als wetenschappelijk medewerker bezocht hij Bangkok, Bandung en Algiers. Sinds 1989 leidt hij met Henk De Smet *De Smet Vermeulen architecten*. Vermeulen was onder meer docent architectuurkritiek aan de KU Leuven en is momenteel gastdocent aan de TU Delft. Sinds 1986 publiceert hij over architectuur in kranten, boeken en tijdschriften. Dit essay is een bewerking van een bijdrage van Vermeulen aan het debat *Vinexity*, naar aanleiding van de verschijning van de studie van het Ruimtelijk Planbureau *Vinex! Een morfologische verkenning*.

Tien jaar nadat in Nederland het massale woningbouwprogramma Vinex een aanvang nam, publiceerde het Ruimtelijk Planbureau *Vinex! Een morfologische verkenning* (2006). Het boek voldoet uiteraard voorbeeldig aan de ambtelijke plicht tot evaluatie van het geleverde beleid, maar een kreetje van triomf, een voldane por als revanche op de kritikasters van de afgelopen tien jaar is in het secure, verantwoordelijke proza weliswaar getemperd, maar niet geheel onderdrukt. "(Er zijn) de laatste jaren welwillende tot ronduit positieve reacties op Vinex losgekomen. Bewonersonderzoeken laten in het algemeen een grote mate van tevredenheid zien. Politici en ontwikkelaars nemen het voor 'de Vinex' op. (...) Ook in vakkringen komen (...) geleidelijk aan steeds positievere meningen naar voren (...)", zo meldt de inleiding vergenoegd, waarna van wal gestoken wordt met nauwgezette beschrijvingen van Vinex-wijken, die de alomvattende vijandigheid jegens Vinex met feitjes ondermijnen.

Gedreven door weerzin tegen het Poldermodel in opgang, Nederlands eigen variant van Galbraith's *Culture of Contentment*, kantte de kritiek van toen zich tegen de omvang, de monofunctionaliteit en de monotonie van de in de Vierde Nota Ruimtelijke Ordening voorgenomen bouwopdracht. Vooral bij het weerleggen van het verwijt van monotonie, een quasi-formele karakteristiek waarop men dus ontwerpers los kan laten, is in tien jaar Vinex buitensporige ijver aan de dag gelegd. Vinex, zo voorspelden de critici voorts, zou ondanks lippendienst aan het ideaal van de compacte stad, de suburbanisering van Nederland inluiden. Na tien jaar Vinex weerlegt het Planbureau deze voorspelling met dichtheidscijfers. In de verschillende Vinex-wijken kunnen die erg uiteenlopen; de staalkaart vertoont velerlei gradiënten van stedelijke dichtheid. De verschillen zijn bovendien contextueel: voor een locatie bij een dorp of in de hoofdstad gelden vanzelfsprekend andere normen. Deze elementaire contextuele reflex ontzenuwt de veralgemenende gelijkstelling tussen Vinex en suburbaniteit. Maar belangrijker nog - en hieraan tegengesteld - is dat het Planbureau het taboe op suburbaniteit heeft afgelegd. *"Leave it to the Dutch to make Suburbia cool"*: deze uit de New York Times geknipte slogan wordt halfweg de inleiding bijna triomfantelijk omhooggestoken. Het onontkoombare feit dat suburbaniteit een wezenlijk bestanddeel van de stedelijke agglomeraties uitmaakt, wordt niet meer met schaamte verdoezeld, maar manmoedig erkend en ei zo na gefêteerd.

Wat Vinex bij aanvang nog het meest verdacht maakte, was de rol die de overheid zichzelf aanmat. Hoe ambitieus de doelstellingen voor ruimtelijke ordening ook waren, hoe vaak het woord 'kwaliteit' ook viel, de overheid zou terughoudender optreden dan Nederland gewend was. De ruimte die de terugtredende overheid vrijmaakte zou ingenomen worden door de markt. Vinex moest 'marktconform' worden, de 'wooncusument' moest meer vrijheid worden gegund: de vrijheid om de verleidingen die de markt bereidde, te grijpen.

Dit voornemen werd bij de critici van Vinex slecht onthaald. Doelstellingen formuleren, en tegelijk de instrumenten om ze te halen uit handen geven! De strakke hand die de Nederlandse ruimtelijke ordening altijd had bestierd, zou voortaan laten betijen. Tien jaar later echter verschijnt het Planbureau met enige trots op het verjaardagsfeestje. De overheid vindt van zichzelf dat ze in haar nieuwe, terughoudende rol wel degelijk het verschil heeft gemaakt. Terwijl de markt de huizen bouwde die de mensen wilden, heeft zij over de kwaliteit en de goede ruimtelijke ordening gewaakt. Nederland, zo geeft het Planbureau te verstaan, heeft niet geabdiceerd, maar heeft binnen de nieuwe machtsverhoudingen met de markt opnieuw een rolmodel voor de overheid gevonden. *"Voor veel buitenlandse planners en ontwerpers is Nederland nog altijd het gidsland dat het in de eerste helft van de twintigste eeuw was, toen het socialisme in de volkshuisvesting en het functionalisme in de architectuur tot woonwijken leidden die tot ver over de grenzen belangstelling trokken."* Bij de gevallenstudies valt opvallend het woord 'middenweg'. Ontwerpers bewandelen de middenweg, zoals de overheid, in het spoor van Blair en Kok, de Derde Weg bewandelt.

Na tien jaar wordt het vage, weidse onbehagen over Vinex ondermijnd door welgekozen tegenvoorbeelden en piekjes van trots om concrete realisaties. Ook de controverses worden concreter: ze gaan over de uitgangspunten van welbepaalde ontwerpen, en minder over Vinex als geheel. In de concrete diversiteit van de talloze realisaties wordt Vinex als begrip vaag, en de vijandelijkheid slijt. Eigenlijk, zo hield Han Lörzing van het Ruimtelijk Planbureau op een avond zijn toehoorders voor, is Vinex niet meer dan *'een zak geld'*. Vinex is één van de geldstromen die te lande de stadsontwikkeling financieren, en wat nu wel of niet door Vinex betaald werd, kunnen de gemeenten niet altijd even precies aanwijzen, zo had Lörzing ervaren toen hij voor genoemde publicatie een staalkaart samenstelde. Dit suggereert een andere verklaring voor het onder de toenemende concreetheid vager worden van het Vinex-begrip. Vinex is zowat de roepnaam geworden voor de praktijk van de stadsontwikkeling van de afgelopen tien jaar in Nederland, bijna ongeacht met welk geld ze werd betaald. Vinex is de consensus over hoe je zoiets doet, of waartoe ongeveer zoiets kan leiden. De golf van kritiek die bij het verschijnen van de Vierde Nota uitbrak, was het onbehagen bij het ontstaan van een nieuwe praktijk, waarin zowel de locatie – verder van het centrum af – als de rolverdeling – marktpartijen schuiven opzichtig mee aan tafel – zouden gaan veranderen. Dat de kritiek zich sindsdien op concretere, en dus beperktere onderwerpen heeft gericht, betekent dat de praktijk zelf inmiddels als een vaststaand feit wordt beschouwd, of zich door haar alomtegenwoordigheid aan de opmerkzaamheid onttrekt.

VINEX STAMCEL

Het is geen eenvoudige taak om de dubbele onkenbaarheid van Vinex op te heffen: de onzichtbaarheid van een gewoonte, en de bij elk nieuw geval virtuoos wisselende vermommingen. Er is – de lezer zij gewaarschuwd – enige speculatieve flair voor nodig. Wat we zoeken, is een beeld dat vermag Vinex in zijn algemeenheid op te roepen, maar dan wel geïnstrueerd door tien jaar concrete bezigheid, een portret dus dat scherper is dan wat de onheilsprofeten tien jaar eerder hadden geschetst. We zoeken een beeld dat de consensus die Vinex heet, puntig en emblematisch incarneert of, om het ordinair uit te drukken: we zoeken een mascotte. Onder de *Superdutch pin-ups* kunnen we wellicht een goede kandidaat recruteren. Ik geloof dat WOS8, een warmteoverdrachtstation ontworpen door NL Architects in een nog te ontginnen hoek van Leidsche Rijn, een Vinexlocatie, geschikt is voor ons doel. Dit gebouwtje tilt de Vinexeigenschappen naar een emblematisch niveau. Die eigenschappen situeren zich op drie spanningsvelden.

Het eerste is de relatie tot de locatie. Men kan zeggen dat WOS8 – zoals Vinex – laconiek, zonder omhaal postvat in de polder. In dat brutale gebrek aan contextuele plichtplegingen kan men ook een esthetische intentie herkennen, de kokette verontrusting van het Fremdkörper. Zoals het een mascotte betaamt, belichaamt wos8 deze ambiguïteit tot in de details. Hoewel het volstrekt anorganische gebouw, inert als een autoband op plastic, integratie door verwering weigert, betrekt het met zijn aan afstromend regenwater en nestelende zwaluwen appelerende vervormingen, de natuur in het schouwspel van zijn vreemdheid.

Het tweede spanningsveld is dat tussen vorm en programma. wos8 – of Vinex – contrasteert een triviaal programma met een intense vormwil, een uitdrukkingsloze inhoud met geldingsdrang van ontwerpers. Hoe droger de vrucht, des te verbetener de greep die er esthetische expressie uit zal knijpen.

Het derde spanningsveld is dat van de openbaarheid, die programmatisch zwak, maar door ontwerpers en overheid nadrukkelijk gewild is. Emblematischer dan enige Vinexlocatie in haar geheel dat kan, stapelt wos8 de aanmoedigingen tot publieke toeëigening op en siert er zijn zwarte huid mee als met een tatoeage. Zoals dat vaker gaat met tatoeages etaleren deze eerder een gedroomde dan een reële identiteit – het wos is nauwelijks een publiek gebouw - die evenwel niet zonder invloed op het gedrag van het personage blijft. Met *hard-boiled Superdutch* realisme registreert de *webmaster,* van wie de foto is geleend, de omheining en het bord 'Verboden Toegang' die het apparaat scheiden van de openbaarheid. Maar hij wijst ook fijntjes op het kartonnen bordje op het hek, als een subversie van het isolement. Het mogen dan misschien geen ballende of klimmende jongeren zijn, maar gewoon architectuurtoeristen, zaak is dat het gebouwtje mondjesmaat bij de openbaarheid wordt ingelijfd. In de hartstochtelijke hardnekkigheid waarmee wos8 – en Vinex – ondanks geringe belangstelling van het publiek het openbare leven ensceneert zoniet provoceert, herkennen we een utopische inslag. Wellicht is die het die, alles welbeschouwd, het beetje trots over Vinex voedt.

EEN 'HORIZONTALE' AS

Doorheen de beschrijving van een thematisch haarscherp gedefinieerd object probeerden we inzicht te verkrijgen in een brede, zich in veelvormigheid verhullende praktijk. In een hyper-bewuste architectuur zochten we, als in een stamcel, de trekken van de nu in Nederland dominante modus van stadsontwikkeling. Als we aannemen dat de omweg behulpzaam was en het portret van Vinex is aangescherpt, moeten we Vinex nu confronteren met soortgenoten: met andere modi van stadsontwikkeling. Ik neem me voor die niet uit de Nederlandse geschiedenis te kiezen. De verleiding zou te groot zijn om in de voetsporen van het verleden te treden, om Vinex als een al dan niet waardige erfgenaam van de vaderlandse stedenbouwkundige traditie te kronen – daaraan gaf het Planbureau al toe in de boven geciteerde passage. Laten we de soortgenoten niet op een 'verticale', vaderlandse as kiezen, maar op een 'horizontale' as: we zoeken modi van stadsontwikkeling die meer nog dan Vinex door een terughoudende overheid gekenmerkt worden. We zoeken soortgenoten met een slechte faam, voorbeelden die niet voorbeeldig zijn.

Door uit de 'verticale' as te stappen, vervalt meteen de voor een buitenstaander aandoenlijke Nederlandse beheptheid om de koers aan te wijzen, om een groot gelijk te omarmen, om gidsland te spelen. Maar goed ook, want ik wil Nederland hoegenaamd niet overhalen om rechtsaf te slaan en de weg naar steeds

Fig. 12.1 Negentiende-eeuws Londen, Belgrave Square

Fig. 12.2 Westende 1992
foto: Christian Meynen

Fig. 12.3 Westende 1992
foto: Christian Meynen

Fig. 12.4 Verboden Toegang WOS8, Utrecht, Leidsche Rijn
foto: Kazys Varnelis c @ varnelis.net

minder overheid te kiezen. Voorbeelden die niet voorbeeldig zijn, kunnen onmogelijk zelf voor gidsland doorgaan. Hun historische en geografische gedetermineerdheid maakt hen voor herhaling ongeschikt. Maar toch denk ik wel degelijk dat voor Vinex op de 'horizontale' as iets te leren valt. Op de 'verticale' as wil een kleiner geworden overheid vooral bewijzen dat ze niet minder invloedrijk is dan vroeger, toen ze groter was, als in een soort management-geloof: hetzelfde met minder. Op de 'horizontale' as daarentegen kan ze misschien leren waar ze haar invloed het beste op richt. Ze kan attent worden voor kwaliteiten die haar activistische vooringenomenheid miskende, maar in het passieve model ondanks de rotzooi gedijen. Pas als dat lukt – synthese – zijn de afgeslankte planners conceptueel gegroeid.

NEGENTIENDE-EEUWS LONDEN

"Die nieuwe districten die in de laatste vijftig jaar ontstaan zijn, die scheppingen van onze commerciële en koloniale rijkdom: onmogelijk iets saaier, smakelozer, monotoner te bedenken! Zo'n omvangrijk bouwkapitaal had een grootse stad moeten opleveren." (Benjamin Disraeli, 1847, schrijver en later eerste minister).
"Zie... de ellendige rijen huizen in de voorsteden van onze provinciesteden en de ondermaatse bouwsels van speculanten in de buurt van Londen: zijn ze niet gemener dan zich zeggen laat?" (George Gilbert Scott, 1855, architect).
"De straten die door de Londense bouwspeculanten gebouwd werden, bezaten geen enkele virtuositeit of smaak en bestonden louter uit gelijkvormige huizenrijen die als twee druppels water op elkaar leken." (Allgemeine Bauzeitung, 1850).
De publieke opinie die de bouw van negentiende-eeuws Londen onthaalde, was nauwelijks vriendelijker dan de Nederlandse was, toen Vinex begon. We horen bekende echo's in deze hoon: malaise over de enorme omvang, afkeer van het winstbejag waarmee het bouwen gepaard gaat, spijt dat zo'n investering niet iets meeslepends oplevert, en vooral misprijzen voor het middelmatige, voor het gewone, voor het wonen dat het hoofdbestanddeel van de stad uitmaakt.
Deze stad van langere en kortere huizenrijen, van kortaangebonden ritmes van hekjes, erkers en portieken, van meer of

minder rijkelijke derivaten van de catalogus van John Nash, is niet op stedenbouwkundige lijnen, maar op eigendomsgrenzen gebouwd. De biografie van bijvoorbeeld de notoire familie Cubitt leert dat projectontwikkelaars, architecten en politici niet enkel bloedverwanten, maar soms zelfs dezelfde personen zijn, wat echter niet belet dat ze de doelen strikt gescheiden houden. Riolering en het versterken van de oevers van de Thames was voor hen duidelijk een beleidstaak, de productie van de stad daarentegen even duidelijk een zaak voor hun privé-ondernemingen. Om van deze tot een puzzle aaneengroeiende flarden, abrupt als het verkavelde landschap, alsnog een stad te maken was niets vooruit gepland. Maar de grote wegentracés bewezen hun integrerende kracht en smeedden de Victoriaanse woningbouwfragmenten willens nillens tot een stad, terwijl de hiaten in de perceelsstructuur ruimte boden voor de verrassingen van de tijd.

Het idee dat de stad pas na de woningen ontstaat, kan voor Vinex troostend zijn. Maar dan moet men geduld leren, en vertrouwen op de tijd. Of duidelijker gezegd: men moet het ongeduld afleren. De achterstand van de stedenbouw op de woningbouw heeft in Londen marges en fricties opgeleverd die de reserves vormden waarop stedelijkheid is gegroeid. Marges, laat staan fricties heeft Vinex niet. Elk beetje ruimte is zorgvuldig bestemd en geplamuurd, kant en klaar. Toekomstige stedelijke fenomenen, die zoals het altijd gaat opportunistisch zullen speuren naar een leegstaand pand of een verloren hoek, zullen aan Vinex voorbijgaan, omdat Vinex sinds jaar één af is en de tijd heeft stopgezet.

Ook wat betreft identiteit kan Vinex van Londen geduld leren. De straten waar gecultiveerde tijdgenoten niets aan vonden, worden nu algemeen herkend als 'typisch Londen', haast als een pasfoto waaraan men de identiteit van Londen afmeet. De culturo's van toen wisten nog niet dat de stof waaruit men grote steden maakt, noodzakelijk banaal is. Ze waren niet opgewassen tegen de vloedgolf van het gewone. Maar de tijd heeft de weerzin overmeesterd en liet het gewone rijpen tot het vertrouwde. In die zin is de hoogdringendheid waarmee Vinex, om de monotonie voorshands uit te roeien, elke straathoek een 'identiteit' oplegt, bespottelijk voorbarig.

HEDENDAAGS VLAANDEREN

Met mijn tweede confrontatie voor Vinex op de 'horizontale' as is het uitkijken geblazen. Om te voorkomen dat we verzanden in een luimige lofzang op het 'wilde wonen', of dat we de ecologische schade die de Nevelstad aan Vlaanderen heeft toegebracht lichtzinnig weg grinniken, moeten we ons tot de stadsfotografie wenden, die ons zal bijstaan om ons punt met de nodige precisie te maken. Het verband tussen Vinex en deze foto's is variatie. Maar op de foto's is de variatie niet vooraf door acute identiteitspaniek verordend. Ze is ad hoc vastgesteld, voor lief genomen. Het gebrek aan harmonie is het resultaat van conflict, zoals op Lucas Jodogne's foto van Antwerpen Linkeroever, waar twee ooit rivaliserende opinies over hoe het leven ingericht moet worden, hun stellingenoorlog met een bestand besloten. De variatie die de fotograaf niet zonder ontzetting vastlegt, is reëel, omdat het politieke meningsverschil waaraan ze ontsproot ooit reëel was.

In Christian Meynens foto van de Belgische kust moet het conflict misschien nog losbarsten. De incongruente partijen zijn elkaar dicht genoeg genaderd voor een handgemeen.

Fig. 12.5 Mechelen
foto: Lucas Jodogne

Fig. 12.6 Mechelen
foto: Lucas Jodogne

Fig. 12.7 Driftweg Klemskerke 1980
foto: Georges Charliers

Fig. 12.8 Driftweg Klemskerke 2004
foto: Jan Kempenaers

Misschien overwegen de grootsten een aanval op de kleinsten, maar het zou ook kunnen dat deze laatsten bescherming genieten van hogerhand. In een andere foto lijken de op een kluitje verzamelde gebouwen, door allen een andere kant op te kijken, angstvallig een conflict te willen vermijden. Ze houden zich mokkend aan de regels. Maar voor de spanning die deze samenkomst typeert is maar één woord voorhanden: stedelijk. Voor wat de foto's van Georges Charlier en Jan Kempenaers laten zien zou dit woord dan weer te veel eer zijn: ze gaan over landschapsbederf. Het zijn schrijnende beelden uit een langlopende herfotografie-opdracht die de transformatie – zeg gerust teloorgang – van Vlaamse landschappen documenteert. 'Voorstad' zou zelfs een eufemisme zijn; 'onderstad' zou, als het woord bestond, een passende naam kunnen zijn. Maar als de foto's een aanklacht zijn, dan ligt in hun deprimerende volheid ook een sprankje hoop besloten. Die hoop is de tijd. Op het eerste zicht lijkt het tijdsverloop tussen Charliers en Kempenaers' foto alleen meer landschap weg te vreten. Maar evengoed zorgt de tijd ervoor dat deze onderstad zich naar zijn nieuwe status opwerkt. De flats op de achtergrond, de bungalows op de polder en het tot pension opgekalefaterde huisje, allen van verschillende leeftijd, hebben samen een doel gevonden: het onthalen van toeristen. De tijd bracht raad. De janboel is niet geheeld, maar heeft wel betekenis verworven.

Alleen de tijd ook kon langs de Mechelse stadsring de coulissen klaarzetten voor de foto van Lucas Jodogne. De industriële horizon is niet indrukwekkend, het oude gebouw ervoor is niet charmant en het restaurant is vulgair. De broze huiselijkheid achter zijn ramen moet optornen tegen de weg. Het is geen verleidelijk beeld – geen Vinex beeldregisseur die dat ontkennen zal. Het is een zwak beeld, maar de verschillen die men er moeizaam in ontcijfert, zijn essentieel en onherleidbaar. Productie, consumptie, geschiedenis, verkeer, ontmoeting, huiselijkheid: op deze verstrooide, onooglijke niet-eens-eenplek sluipen alle betekenissen van de stad het beeld binnen.

Het verschil tussen Vinex en het Vlaanderen op deze foto's is het verschil tussen consensus en compromis, tussen meningsverschillen die vooraf weggemasseerd of achteraf geakteerd zijn. In deze foto's is niet de planner, maar de tijd de scheidsrechter. Er is van het conflict in het stadsbeeld een emblematische confrontatie achtergebleven. De opties zijn niet voorbarig afgevoerd, maar voor waarneming en beschouwing beschikbaar gebleven. In die zin zijn deze stadsbeelden — laten we meteen dit woord terug ophalen uit de afdeling economie, waar we het te lang hebben laten slingeren — vrij.

BRONNEN:
- Jones, E.(ed.), *A Guide to the Architecture of London*, Weidenfeld & Nicolson, London, 1992
- Loeckx, A., Zichten uit de tussenruimte. In: Lucas Jodogne, *Overgangen*, Vrienden van de Provinciale Musea Antwerpen, Pandora, Antwerpen, 1994
- Lörzing, H.(ed.), *Vinex! Een morfologische verkenning*, NAi Uitgevers, Rotterdam, Ruimtelijk Planbureau, Den Haag, 2006
- Meynen, C. (ed.), *Cités de Sable*, Arp Editions, Brussel, Provinciaal Museum voor Moderne Kunst, Oostende, 2002
- Neutelings, W.-J., Het gebrek aan de steenweg. In: *Archis* 3, 2000
- Olsen, D., *De Stad als Kunstwerk*, Londen Parijs Wenen 1814-1914. Agon, Amsterdam, 1991. (vertaling van Donald Olsen, *The City as a Work of Art*, London, Paris, Vienna. Yale University Press, New Haven & London)
- Rykwert, J., *The Seduction of Place: The City in the Twenty-first Century*. Pantheon Books, New York, 2000
- Uyttenhove, P.(ed.) et.al., *Recollecting Landscapes: Herfotografie, geheugen en transformatie 1904-1980-2004*, A&S/books, Gent, 2006
- Winkel C. van, 'Het is hier fantastisch'. Leidsche Rijn en de zoetzure vruchten van Vinex. In: *Archis* 7, 2000
- Wortmann, A., Kijkcijferarchitectuur. Woningbouw op vrije kavels. In: *Archis* 10, 1999

ENGELSE ORIGINELEN VAN CITATEN:
- *Those new districts that have sprung up in the last half-century, the creatures of our commercial and colonial wealth, it is impossible to conceive anything more tame, more insipid, more uniform... This amount of building capital should have produced a great city.* Benjamin Disraeli, 1847 (schrijver en later eerste minister)
- *...look... at the rows of miserable houses in the suburbs of our country towns and at the wretched creations of speculating builders in the neighbourhood of London: are they not vile beyond description?* George Gilbert Scott, 1855 (architect)

5051 Southwest Western

Een geschiedenis van de Zwischenstadt

Essay 13

MATTHEW STADLER

ARCHITECTUURBULLETIN NO 03|2007
Matthew Stadler (VS, 1959) schrijft naast romans ook essays over architectuur en stad onder meer in Domus, Artforum, Volume en Nest magazine waar hij literair agent was. Met zijn romans heeft hij vele prijzen en beurzen gewonnen zoals onder andere de Ingram-Merrill – en Guggeheimfellowship. Hij woont in Portland, Oregon. In het kader van de tentoonstelling *Stad noch Land* gaf hij een lezing bij het NAi over dit tussenland.

Een gebouw in Beaverton, Oregon in de Verenigde Staten, waar de hoofdkantoren van Nike, Tektronix, Intel en Linus Thorvalds Open Source Development Lab gevestigd zijn, dat is waar het in dit essay om draait. Beaverton, ooit een voorstadje van Portland, is met een bevolkingsdichtheid die 20 procent hoger ligt dan die van Portland, uitgegroeid tot de dichtstbevolkte stad van Oregon. Het is ook de meest diverse stad (op iedere immigrant die zich in Portland vestigt, vestigen zich er vijf in de voorsteden), en een van de snelst groeiende steden. De aanblik die Beaverton biedt is maar al te vertrouwd. Elke grote stad kent immers zo'n gebied: slecht of überhaupt niet gepland, totaal afhankelijk van auto's, lelijk, ordeloos, onlogisch, saai, noem maar op. Beaverton geldt vooral als een probleem dat je het best kunt oplossen door er een paar aanhangers van het New Urbanism op los te laten (wat ik betwijfel).
Het gebouw waar het me om gaat, staat te midden van verspreid liggende *strip malls*, reusachtige bedrijfshallen, woonwijken en enorme met elkaar verknoopte verkeersstromen. Het is genoemd naar zijn adres: 5051 Southwest Western. Alleen dat heeft al een bijzondere klank en een betoverend ritme. Een verlaten autoshowroom, destijds door

de overheid gesloten vanwege te hoge concentraties schadelijke stoffen door giftige plafonds, een vervuild airconditioningsysteem en het gebruik van toxische schoonmaakmiddelen. Het herbergt niets, doet aan niets denken, het is een *cul de sac* van geesten te midden van stromen verkeer. Hoe nu is hier toch iets moois van te maken?
Deze vraag interesseert me omdat dit min of meer het landschap is waar ik met vele anderen woon en daarin hebben we behoefte aan schoonheid (al was het maar als politiek instrument) om onze vindingrijkheid te stimuleren waarmee we de talrijke tekortkomingen van het landschap kunnen bestrijden. Schoonheid is een overredingsinstrument. Zonder schoonheid raken we ontmoedigd en worden we cynisch, en doen we niets met de waardevolle middelen die ons ter beschikking staan.
Laat ik duidelijk zijn: dit is geen kritiek op architecten die lelijke gebouwen maken en ook geen oproep om mooiere te maken. Wíj zijn het die schoonheid maken, niet het object. Dit is een oproep aan de cultuur die de gebouwen gebruikt. Zij moet zich meer inzetten echt iets met de gebouwen te doen waardoor ze hun schoonheid genereren. Zo ontleen ik meer inzicht aan het essay *The Generic City* van Rem Koolhaas dan ik ooit bij New Urbanism zal vinden. Ik heb alle vertrouwen in wat de menselijke verbeeldingskracht vermag. Ik sta er bijvoorbeeld versteld van hoe mooi de giftige, tot ruïnes vervallen kastelen van Europa uiteindelijk geworden zijn: ze zijn zo dankzij de kunst en de literatuur, en daarmee zijn we gedwongen ze te gebruiken en niet te verspillen.
Vergelijkbare verschuivingen in de beeldvorming hebben een eeuwenlange vijandigheid tegenover het woud doen omslaan in een breed gedragen,

seculiere verering van de wildernis. De kronieken van de eerste naturalisten, en de kunst en literatuur die daarop volgden hebben de logica en de schoonheid van de wildernis vormgegeven. Steden als Beaverton krijgen nu te maken met de eerste naturalisten van de *sprawl*: onverschrokken stedenbouwkundigen die de woestenij intrekken, gewapend met polemische agenda's om de lelijkheid van dit opkomende landschap te hekelen (James Howard Kunstler) of de schoonheid ervan te verkondigen (Robert Bruegmann).

Ik beschouw mezelf niet als een van hen. Schoonheid of lelijkheid is niet inherent aan een landschap. Het zijn dynamische, voortdurend opnieuw uitgevonden aspecten van gebruik. Het is niet aan ons deze toestand – die zich vanuit het centrum van wat we altijd 'de stad' hebben genoemd tot zijn meest afgelegen buitengebieden voordoet – te veroordelen of verdedigen, maar om er, volledig en goed, in te leven. John Cage stelt het aldus: 'Wat wij willen is dit leven bevestigen. We moeten geen orde scheppen in de chaos of verbeteringen in de schepping voorstellen, maar ontwaken in het leven dat we leven. En dat leven is prachtig als we eenmaal onze gedachten en verlangens opzij kunnen zetten en het zijn eigen gang kunnen laten gaan.'

5051 was een intelligent project. Knut Qvale, die fortuin had gemaakt met de verkoop van Volkswagens in Californië, zag de groeiende voorstad Beaverton als de beste uitvalsbasis voor de verkoop van Volkswagens aan automobilisten in Oregon, Washington, Idaho en Montana. In 1963 bouwde hij zijn nieuwe hoofdkantoor, Riviera Motors Inc., op een braakliggend terrein tussen de bossen, huizen en boerderijen, waar ooit een moeras was geweest. Omdat hij het goede van zowel de stad als het platteland wilde (een dualisme dat de belangrijkste aantrekkingskracht van de locatie vormt) huurde hij zijn broer als architect in. Deze Ragnar Qvale, die later het Sahara Hotel in Las Vegas zou ontwerpen, moest voor atriums, frisse lucht, omsloten tuinen, hoge plafonds en een overdaad aan natuurlijk licht zorgen. De methode van Qvale waren niet bijster origineel, maar zijn ontwerp is doordacht en effectief.

5051 SW Western beantwoordt op een slimme manier het vraagstuk van bouwen in een hybride omgeving. Dat het gebouw uiteindelijk binnen een paar decennia mislukt is, geeft duidelijk aan dat architecten ons hier niet verder kunnen helpen. Zoals de Duitse stedenbouwkundige Thomas Sieverts in zijn boek *Zwischenstadt* verklaart: 'Architectuur en architectonisch gevormde stedelijke ruimte zijn als afzonderlijke componenten weliswaar belangrijk, maar kunnen niet langer de vorm van de *Zwichenstadt* bepalen' (Sieverts, 1997). Architecten zijn gedoemd tot deelgebaren die niets veranderen aan de toestand in bredere zin. Het probleem zit hem niet in slechte planning, maar in een tekortschieten van de verbeelding. Sieverts vindt dat kunst en literatuur meer in staat moeten zijn om de logica van de *Zwischenstadt* te articuleren. Geen nostalgische evocaties meer over het centrum of klaagzangen over het verdwijnen ervan. Nu is het verhaal van de *Zwischenstadt* aan de beurt. Eenmaal stevig in onze verbeelding verankerd, door kunst en literatuur, moet de *Zwischenstadt* uiteindelijk de stad als het onderwerp van ons ordeningsbeleid vervangen.

Binnen de discussie over de nieuwe landschappen is dit een uniek geluid. Sievert toont weinig belangstelling voor het drama van de tragische laatste acte van de stad: haar ontbinding. Evenmin kent hij een waarde toe aan de landschappen die ervoor in de plaats komen. In plaats

Fig. 13.1 Nootka-dorp getekend door John Webber tijdens de Cook-expeditie uit 1778

daarvan hamert hij erop dat we het versleten verhaal van de stad (en haar vijanden) moeten laten voor wat het is, om het verhaal te vertellen van de *Zwischenstadt*. Sievert schetst de globale achtergrond als volgt: het oude stadscentrum is beroofd van zijn vitaliteit en verworden tot een lappendeken van historische monumenten, doorsneden met winkel- en culturele functies. De groeiende dienstensector heeft zich over de regio verspreid, aangetrokken door gunstige voorwaarden in concurrerende gemeenten, dikwijls *edge cities* genoemd. Wat nog aan industrie resteert, is ook verspreid geraakt en concentreert zich op plekken die aantrekkelijk zijn vanwege hun bereikbaarheid en belastingvoordelen. De woonfunctie is op drift geraakt door een uitdijende infrastructuur en de voortdurend veranderende micro-ecologieën van de plaatselijke belastingwetten, milieurestricties en andere inconsequent toegepaste beperkingen. Het wonen is uitgewaaierd en verdicht zich abrupt tot nieuwe concentraties die die van het oude centrum naar de kroon steken of zelfs overtreffen. De dynamiek en inconsistentie van deze toestand dwingt een voortdurend veranderende, nomadische bevolking zich steeds opnieuw te verzamelen in verspreide concentraties, als knopen in een oneindig net.

De essentie van de *Zwischenstadt*, deze tussentoestand, weerspiegelt precies de logica van 5051: niet de logica van óf de stad óf het platteland, maar van beide; niet de logica van óf het lokale óf het mondiale, maar van beide; niet de logica van óf de tijd óf de ruimte, maar van beide. Deze tussentoestand, die korte metten maakt met alle ooit zo vertrouwde tegenstellingen waarmee we onze gebouwde omgeving organiseerden, is bepalend geweest voor de beslissingen die 5051 zijn vorm hebben gegeven, en is dan ook het beste instrument om deze nieuwe landschappen mee aan te pakken.

Sieverts relaas bevat ook een opzienbarende visie op de geschiedenis van het westen van Noord-Amerika. De *Zwischenstadt*, die hij beschrijft als de logica van de tussentoestand, bestond hier al meer dan tweehonderd jaar geleden, lang voordat er steden ontstonden. Ze gaf vorm aan een economie en een cultuur die 75 jaar lang hun contouren aftekenden op een terrein waar nooit steden waren geweest en waar nooit landbouw had plaatsgevonden. Tot het moment waarop er stedenbouwers kwamen die er met terugwerkende kracht hun methodieken aan oplegden. De huidige opkomst van de *Zwischenstadt* is allerminst een laatste breuk in het lange heroïsche drama van de stad; wat we in feite zien gebeuren is dat een dieper liggend patroon, dat lange tijd onderdrukt is, weer zichtbaar wordt.

Maar hier zegt een klein stemmetje (dat van Koolhaas, geloof ik) dat 'ondanks haar afwezigheid de geschiedenis de belangrijkste pre-occupatie, bedrijvigheid zelfs [is], van de generieke stad' (Koolhaas, 1995). De geschiedenis, zo impliceert zijn voortreffelijke essay *The Generic*

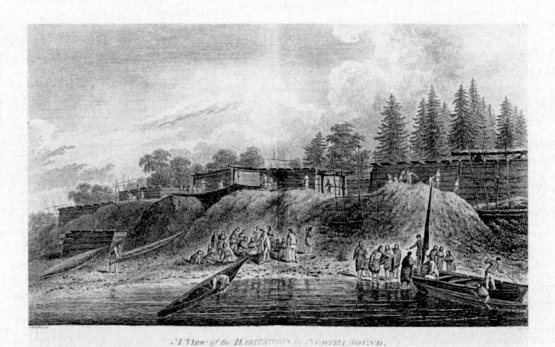

Fig. 13.2 Exterieur van een Nootka onderkomen getekend door John Webber tijdens de Cook-expeditie uit 1778

City, is een last waarvan we door onze nieuwe toestand worden verlost; een last waar we ons paradoxaal genoeg aan vastklampen, als bange jonge vogeltjes aan een stok.

Ik ben het niet eens met de stelling dat deze nieuwe toestand de geschiedenis uitwist, veeleer dat de geschiedenis hierdoor wordt losgemaakt van het gestolde overschot van de gebouwde omgeving. Dit gebeurt door die omgeving telkens opnieuw te vernietigen; door te bouwen om te gebruiken, door het niet creëren van monumenten; door het willekeurig mengen van 'tradities'. Losgemaakt van de permanentie van de architectuur wordt de geschiedenis als was in de handen van de levenden. We hebben geen gebrek aan een verleden; we zijn vrij om het verleden te maken dat we nodig hebben.

In de 18e eeuw begonnen Europeanen de Amerikaanse westkust te verkennen, aangetrokken door geruchten over een noordwestelijke doorgang die het overbodig zou maken om rond Kaap Hoorn te varen. Die doorgang hebben ze nooit gevonden, maar wat ze wel vonden was zeeotterbont. De eerste contacten werden gelegd op 4 september 1741, toen Zweedse ontdekkingsreizigers, varend op een Russisch schip met een Deen, Vitus Bering, als gezagvoerder, een ontmoeting hadden met inheemse bewoners van de Aleoeten, in het huidige Alaska.

De nieuwe economie kwam in 1778 op gang, toen de Britse kapitein Cook bij Nootka, op het huidige Vancouver Island aan land kwam. Cook trof daar een geraffineerde handelscultuur aan die otterbont te bieden had in ruil voor ijzer. Onder leiding van enkele leiders, onder wie de 'Maquinna' van Nootka en het Haida-opperhoofd 'Cunneah', dreven de inboorlingen handel met de Britten. Ze deden dit door de bontleveranciers, waarvan er talloze verspreid over de met fjorden bezaaide kustlijn van meer dan 1.500 kilometer woonden, tot een soort kartel te organiseren en vervolgens de prijzen systematisch op te drijven. Cook schreef in zijn logboek: 'Dit waren gewiekste handelaren die precies de waarde kenden van alles wat ze verhandelden.' Het beeld van bezitloze wilden is duidelijk onjuist, maar dat van hebzuchtige kapitalisten zit er waarschijnlijk even ver naast. Beide zijn projecties van de Europese fantasie, net als de romantische tweedeling in nobele wilden en de tragische, beschaafde mens van Rousseau, een populair wereldbeeld onder de Engelse patriciërklasse waaruit de officieren op de expedities vaak afkomstig waren.

Voor Europanen moet het een verrassing zijn geweest hoe de inheemse economieën in elkaar zaten. Er bestonden langs de hele kust al uitgebreide handelsnetwerken. Cunneah en zijn tegenhangers bij de Tlingit organiseerden pelsjachten tot diep in de kustgebergten, binnen het territorium van andere stammen. In het zuiden hadden de Chinook een economie waarin voedsel, paarden, werktuigen, textiel en valuta over twee bergketens heen werden verplaatst helemaal tot in het Grote Bekken. Dit achter-

Fig. 13.3 Interieur Nootka-shed getekend door John Webber tijdens de Cook-expeditie uit 1778

Land is qua omvang te vergelijken met dat van San Francisco na de gold rush, een eeuw later. De Chinook verhandelden goederen die soms helemaal uit Guatemala of Montreal afkomstig waren. Hun grootste handelscentrum, een langwerpig riviereiland dat Wapato heette, behoorde tot de meest kosmopolitische plekken op aarde. Hier mengden Fransen, Britten en mestiezen zich met Oceaniërs, Chinezen, en tientallen inheemse stammen uit de gebieden langs de westkust en in het binnenland. Historicus Rick Rubin beweert dat Wapato in de jaren '80 en '90 van de 18e eeuw het dichtstbevolkte stedelijke gebied van Amerika ten noorden van Mexico was.

Het belangrijkste betaalmiddel was de olifantstand: een dunne, conische schelp die voorkomt op Vancouver Island en noordelijker (een soort centrale bank voor de Nootka en Tlingit). De olifantstand werd langs drieduizend kilometer Pacifische kust erkend als betaalmiddel en was even nutteloos als ons papiergeld. Er was een gemeenschappelijke handelstaal (het Chinookjargon) die zowel voor de inheemse bevolking als voor de blanken in het gebied de *lingua franca* werd.

Oorlog, slavernij en hiërarchische macht kwamen wel voor, maar binnen een stabiele, overerfbare hiërarchie van edelen, burgers en slaven werden de inheemse economieën gekenmerkt door horizontale relaties tussen gelijken die eerder middels handel en verleiding tot stand waren gebracht dan met geweld. Bezitterigheid ging hand in hand met het tegendeel ervan; voordeel werd behaald via betrokkenheid en medeplichtigheid (en niet via isolement en inhouding). Interacties werden gekenmerkt door een schizofreen lijkende afwisseling van enorme vrijgevigheid en bloedserieuze, bijna wrede plunderingen.

Wat dit betreft liepen de inheemse economieën vooruit op een stijl van kapitalisme die tegenwoordig gemeengoed is bij horizontale alleseters als Google en Microsoft, een vorm die cultuurtheoreticus Slavoj Zizek bekritiseert als 'wrijvingsloos kapitalisme'. Het vermogen van de Tlingit om tegelijkertijd vrijgevig en bezitterig te zijn, zal degenen onder ons die vertrouwd zijn met Microsoft zeker bekend voorkomen. Zizek noemt deze diffuse, horizontale strategie van coöptatie 'de vijand van elke werkelijk progressieve strijd in deze tijd'. Die kritiek klinkt redelijk genoeg, maar het lijdt geen twijfel dat het hier gaat om een vergevorderde en succesvolle vorm van kapitalisme. De stelling is verdedigbaar dat toen de 18e- eeuwse Europese kooplieden deze inheemse stammen ontmoetten, zij hun nationalistische, door conflict verscheurde koopmansverleden achter zich lieten en de toekomst van het wereldwijde kapitalisme binnenvoerden. De Europeanen troffen geen onaangetast, door wilden bewoond Hof van Eden aan waarop ze later steden konden projecteren. Ze stuitten op een hoogontwikkelde handelscultuur die klaarstond om haar plaats in te nemen in een wereldwijd netwerk waarin ijzer, textiel en geweren vanuit Europa en de oostkust (van Noord-Amerika) naar hun contreien werden vervoerd. Dit in ruil voor otterpelzen, die werden doorverkocht aan China, alwaar de ruimen werden gevuld met thee, Chinese zijde en porselein, hetgeen vervolgens weer in Europa en aan de Amerikaanse oostkust werd gesleten. Het is niet zozeer dat deze inheemse culturen vooruitliepen op de patronen en de logica van de *Zwischenstadt*. Het is meer dat het mondiale kapitaal (in onze tijd de drijvende kracht achter de vorming van de *Zwischenstadt*) niet belast werd door de zich ontwikkelende sociale instellingen van Europa, maar aan deze kus-

Fig. 13.4 Eerste contact, Aleut in kayak getekend door Sven Maxwell tijdens de Beringexpeditie uit 1741

ten willige partners vond in de paradoxaal dynamische inheemse culturen van de regio.
Als dit hun cultuur was, hoe zagen hun nederzettingen er dan uit? De architectuur van de *shed*2 overheerste. De gebouwen, waarin gewoonlijk twintig tot vijftig mensen leefden, afkomstig uit vier tot tien gezinnen (al hadden de Tlingit 'appartementencomplexen' waar er wel vierhonderd leefden) waren verplaatsbaar. Als groepen naar een volgende nederzetting verhuisden, iets wat elk seizoen gebeurde, deden de brede platen die de buitenbekleding en het dak vormden dienst als vlot. De zware dragende palen en balken bleven op hun plaats en konden worden gebruikt door de volgende groep die op die plek arriveerde. Net als in de moderne *Zwischenstadt* waren deze *sheds* flexibel en voor veel doeleinden te gebruiken. Ze werden doorgaans in de lengterichting naast elkaar gebouwd en volgens een vast stramien versierd met verleidelijke handelswaar. Er was voortdurend verkeer tussen deze nederzettingen, langs vaste routes over water en land.

De Euro-Amerikaanse handelaren bouwden geen steden. Ze kwamen en gingen met de seizoenen, en knoopten af en toe permanente contacten aan met de inheemse bevolking. Soms stichtten ze zelfs een gezin, maar dat bleef een uitzondering. Toen er in de jaren '20 van de 19e eeuw eindelijk vaste vestigingspatronen begonnen te ontstaan, gebeurde dat in de vorm van een georganiseerde franchiseoperatie onder leiding van de grootste onderneming van Noord-Amerika, Hudson's Bay Company (HBC).

Geen enkele natie kon hier haar jurisdictie laten gelden. Nationale aanspraken werden eerst aangevochten en vervolgens opgeschort in het verdrag van Gent van 1818, waarin Amerika en Engeland overeenkwamen hun aanspraken niet door te zetten en tot een vreedzame cohabitatie te komen. Zo werden zaken gedaan buiten welke nationale wetgeving dan ook. De mannen werkten voor de onderneming, en als ze voor zichzelf werkten deden ze dat zonder in het land of de infrastructuur te investeren. Hun economie leek veel op die van de huidige seizoenwerker: monotoon, riskant, nomadisch en voor jou tien anderen.

De vestigingsvormen en -voorwaarden werden grotendeels gedicteerd door de directeur van HBC, George P. Simpson. Hij had een netwerk van zelfvoorzienende forten voor ogen, die onderling inwisselbaar waren wat betreft vorm en functie. Dit moest HBC in staat stellen goederen en medewerkers heen en weer te vervoeren. De economische wetten van het aanboren van hulpbronnen vond zijn materiële vorm in dit netwerk van nederzettingen.

Het grootste nieuwe handelscentrum was Fort Vancouver, gelegen aan de monding van de Columbia-rivier, aan de overkant van het handelscentrum van de Chinook op Wapato (ongeveer vijftien kilometer van de plek waar uiteindelijk Beaverton zou ontstaan). Toen Fort Vancouver groeide, ging het voormalige werknemers van HBC aantrekken. En zo begonnen in 1841 Euro-Amerikanen zich te vestigen in het land dat de Atfalati-indianen Cha-Kepi hadden genoemd, inclusief de locatie die wij 5051 SW Western noemen.

Cha-Kepi was een uitgestrekt moerasgebied vol bevers dat grensde aan een grote grasvlakte, dichtbeboste heuvels en bergen. De Atfalati verplaatsten zich ongehinderd door dit gebied en leefden cyclisch in tijdelijke *sheds* nabij seizoenwerklocaties. In de herfst verzamelden ze wortels aan de oevers van het meer; in de zomer

Fig. 13.5 5051 Southwest Western: exterieur
foto: Matthew Stadler

brandden ze het grasland plat om het open en vruchtbaar te houden en in de winter jaagden ze vanuit de kampen op het wild in het bos.

In 1841 arriveerden de blanken, vaak met indiaanse echtgenotes en talrijke halfbloedkinderen, de zogenaamde mestiezen. Drie families vestigden zich op het land van de Atfalati, dat door de nieuwkomers de vallei van Tualatin werd genoemd, en begonnen het land te bewerken. De Atfalati waren bijna geheel uit de vallei van Tualatin verdwenen door malaria- en pokkenepidemieën: eerst in de jaren '90 van de 18e eeuw en daarna in de jaren '30 van de 19e eeuw. Vooral deze laatste epidemie had verwoestende gevolgen. Van de stabiele bevolking van ongeveer 15.000 mensen bleven er na de komst van de blanken nog geen 600 over. Degenen die het gered hadden, overlevenden van een apocalyps, bleven hun economische en culturele tradities trouw, maar bleven in aantal sterk geslonken. Ditzelfde verhaal kan over vrijwel alle streken in deze regio worden verteld: het land werd niet met een oorlog veroverd, maar met ziekte.

Er zijn geen bewijzen van animositeit tussen de overgebleven Atfalati en de blanke nieuwkomers. Sterker nog, de beide bevolkingsgroepen vermengden zich in sterke mate. De meeste families stamden af van pelsjagers en waren van gemengd ras, als zodanig kenden ze een lange geschiedenis van cohabitatie. Daar kwam bij dat ze, in scherpe tegenstelling tot de Amerikaanse pioniers die kort daarna via de Oregon Trail arriveerden en steden begonnen te bouwen, geen utopische ambities koesterden.

Het volgende decennium bracht enorme veranderingen met zich mee, een prelude op de bouw van steden en het opsluiten van indianen in reservaten. In 1847 vestigden de VS hun gezag in het gebied (met de daarmee gepaard gaande landclaims). Aan de Oostkust werd flink reclame gemaakt voor de landroute naar het westen, die werd aangeprezen als de weg naar de Hof van Eden. De dertien blanken die in 1840 naar Oregon kwamen, werden in 1843 gevolgd door duizend migranten en in de vier jaar daarna kwamen er nog negenduizend bij. Dit waren overwegend boerengezinnen van Noord-Europese afkomst die op zoek waren naar maagdelijk land waar ze een volmaakte methodistensamenleving konden stichten. Daarvoor zouden boerderijen, dorpen en een stad nodig zijn.

De gezinnen vestigden zich in de Willamettevalei, een grote, vruchtbare vlakte tussen bergketens, die zich vanaf Fort Vancouver en Wapato naar het zuiden uitstrekte, waar de Willametterivier samenkomt met de Columbia. Rond kleine nederzettingen, met namen als Sweet Home, Salem en Eugene, werden zuivel- en akkerbouwboerderijen opgezet die steeds groter werden en uiteindelijk ontstond er behoefte aan een grote stad in Oregon. In hoog tempo werd dit patroon – van een stad met zijn stedelijke entrepot omringd door boerderijen en omgeven door verheffende wildernis – volledig doorgevoerd, een proces dat in minder dan twintig jaar was voltooid. De onwaarschijnlijke stad Portland kon zijn plaats innemen in het centrum van een gepland, rationeel universum.

Met Portland brak een nieuwe fase aan waarin veel omringende spelers een andere rol toebedeeld kregen. Dit betekende dat de lange geschiedenis van 'wrijvingsloos kapitalisme', dat in de vroege jaren '40 van de 19e eeuw tot zijn wellicht grootste bloei was gekomen in de vallei van Tualatin, werd voorgesteld als een vormloze prehistorie, een leeg toneel waarop in de jaren '50 van de 19e eeuw de landbouw voortschreed om de monden en de markten van de grote stad te voeden. Dit keerpunt markeerde ook de geboorte van Beaverton, dat in 1860 werd ingelijfd. Beaverton was het eindpunt van een weg die door de imposante heuvels was aangelegd. Het verbond de boerderijen en producten van de vallei van Tualatin met de rivierhavens van Portland, de monding van een afvoerroute van producten en kapitaal vanuit Tualatin door de stad. Beaverton zou deze ondersteunende rol de daaropvolgende eeuw blijven vervullen. In het verhaal van de stad blijft dit intermezzo een soort gouden tijdperk, een tijd waarin er een centrale stad was met boerderijen eromheen, die in harmonie was met de wereld.

Na de Tweede Wereldoorlog telde de grotendeels Noord-Europese bevolking van Portland ongeveer 300.000 zielen. En nu kreeg men een grote instroom te verwerken van voornamelijk zwarte arbeiders die terugkeerden uit de oorlog. (Ooit had Portland het grootste aantal Ku Klux Klan-leden van alle steden uitgezonderd het diepe Zuiden.) Dus moesten de voorsteden van Portland worden uitgevonden. Beaverton werd omgevormd tot een soort nieuwe beschavingsgrens, een tweede Hof van Eden waar nieuwe pioniers, wederom ondernemende blanken, konden ontsnappen aan de herrie en de drukte.

Een supplement bij de Daily Oregonian vat het onder de kop 'Snelle ontwikkeling bevolking, industrie in zuidwestelijke voorstad' bondig samen: 'Over de heuvels naar de vallei van Tualatin was al een eeuw geleden een aantrekkelijke optie voor pioniers die de drukte van een groeiende stad aan het water wilden ontvluchten. Er was plaats voor velden en boomgaarden, hout was in ruime mate voorhanden en de zonsondergangen boven het kustgebergte waren prachtig'

In de jaren '80 van de 20e eeuw begon dit fictieve beeld scheurtjes te vertonen. Toen ondernemers en multinationals eendrachtig besloten hun eigen drama's uit te spelen op het terrein dat Portland voor zijn voorstedelijke *pastorale* had gereserveerd, begon de vluchtelingenlogica van de *Zwischenstadt* het sprookje van binnenuit uit te hollen. Beaverton, gonzend van de nieuwe bedrijven en industrie, overstroomd door verkeer en volgebouwd met huizen, zag er niet meer uit zoals ooit de bedoeling was en er woonden ook niet meer de juiste mensen. Keer op keer kwamen de contouren van andere verhalen aan het licht. Beaverton werd opnieuw transnationaal, nomadisch, serieel, een plek waar het lokale en mondiale elkaar kruisen.

Riviera Motors, Inc. nam, als zoveelste in een eeuwenlange reeks van lokale en mondiale knooppunten die in deze vruchtbare *Zwischenstadt* zijn terechtgekomen, zijn plaats in. Toen het bedrijf weer vertrok, zoals dat gaat met bedrijven, werd 5051 SW Western een seizoensgebonden *shed*, wachtend op de volgende nomadische familie, waar die ook vandaan mag komen en wat haar uiteindelijke bestemming ook is.

BRONNEN:

- George Bataille, *La part maudit*, Les Éditions de Minuit, 1967
- Fernand Braudel, *Les Structures du quotidian: le possible et l'impossible*, Librarie Armand Colin, 1979
- Wilson Duff, *The Indian History of British Columbia*, British Columbia Provincial Museum, 1965
- Robin Fisher, *Contact and Conflict*, University of British Columbia Press, 1977
- James R. Gibson, *Farming the Frontier: The Agricultural Opening of the Oregon Country 1786-1846*, University of Washington Press, 1985
- James R. Gibson, *The Lifeline of the Oregon Country: The Fraser-Columbia Brigade System 1811-1847*, University of British Columbia Press, 1997
- James R. Gibson, *Otter Skins, Boston Ships, and China Goods*, McGill-Queen's University Press, 1999
- John Frazier Henry, *Early Maritime Artists of the Pacific Northwest Coast 1741-1841*, University of Washington Press, 1984
- John C. Jackson, *Children of the Fur Trade: Forgotten Métis of the Pacific Northwest*, Mountain Press Publishing Company, 1995
- Judy Rycraft Juntunen, *The World of the Kalapuya: A Native People of Western Oregon*, Benton County Historical Society, 2005
- Ruth Kirk, *Tradition & Change on the Northwest Coast: The Makah, Nuu-chah-nulth, Southern Kwakiutl and Nuxalk*, University of Washington Press, 1986.
- Rem Koolhaas, *S, M, L, XL*, The Monacelli Press, 1995.
- R.G. Matson and Gary Coupland, *The Prehistory of the Northwest Coast*, Academic Press, 1995
- Virginia E. Moore (editor), *Land of the Tuality: Washington County, Oregon*, Washington County Historical Society, 1975
- Kalervo Oberg, *The Social Economy of the Tlingit Indians*, University of Washington Press, 1973
- Rick Rubin, *Naked Against the Rain: The People of the Lower Columbia River 1770-1830*, Far Shore Press, 1999
- Thomas Sieverts, *Zwischenstadt*, Vieweg, 1997
- Alexander Walker, *An Account of a Voyage to the Northwest Coast of America in 1785 & 1786*, University of Washington Press, 1982